「科博」
次のステップに向けて

国立科学博物館研究会　編著

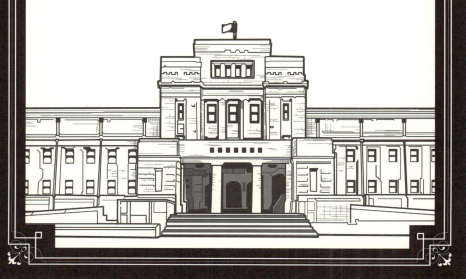

『「科博」次のステップに向けて』の出版にあたり

国立科学博物館研究会
代表　佐々木　正峰

日本学士院会員の山田康之先生のお言葉です。

「博物館は，多様な価値を尊重しつつ，社会との双方向の交流を重視した運営を期待されている。国立科学博物館は，独立行政法人制度の下で，新しい博物館像を求めて大胆かつ先導的に事業を進めてきた。
　本書は，その活動と事業の創造に関わった者が，今後の展開を見据えて現状と課題を簡潔に紹介するものであり，これからの博物館の在り方を示唆するものである。」

山田先生は元奈良先端科学技術大学院大学長，京都大学名誉教授ですが，長年にわたり国立科学博物館の評議員を務められ，また賛助会員として，国立科学博物館を物心両面からご支援いただいております。この場をお借りし，心からの感謝と敬意を表し，御礼とさせていただきます。

国立科学博物館が独立行政法人に再編されてから，13年を経過し，今日に至っています。この13年の間に厳しい財政事情の下行財政改革が一段と進行するとともに，博物館を取り巻く環境が大きく変わってきています。都市化，温暖化，激しい気象変動を伴うなど自然環境の変化が私たちの生活に直接影響を与えてきています。科学技術の高度化，情報化により人々の科学技術との関係性が複雑になってきています。この間に日本は人口減少局面に入り，キャッチアップ型から成熟した成長を目指し，文化を創造し，国際的に主導的な立場からの責任と行動が求められています。我が国には，国際的な

視点とともに，成熟社会における文化創造に積極的に関わる人材が必要です。

そのような中，国立科学博物館は我が国唯一の国立の科学系博物館として，変化に対応しつつ，社会に根ざし，社会に支えられ，社会的要請に応える博物館として，博物館のサービスの質の向上に努めてきました。年間来館者が200万人を超え，多くの方と博物館の資源を共有することができました。このような国立科学博物館の変化は，博物館界から積極的に評価されていますが，量的な到達だけでなく，それを支える根源的な課題である質的な向上についてもさらに議論を尽くす必要があります。本書は，国立科学博物館の職員や元職員が研究会を作り，博物館の今後の在り方を見据えつつ，博物館の変化や進化は何に由来するのか，どのような考え方によるものなのかなど，現在の到達点に至るまでの活動を検証するとともに，今後の課題を整理し，展望したものです。

その根底にあるのは，「社会に積極的に働きかける博物館」でありたいということです。博物館の研究成果，標本や資料，展示・教育資源を人々と共有することが契機となり，人々が文化的な活動に主体的に参加・参画し，博物館と社会との双方向の交流を通じて，社会の文化的側面を推し進め，ひいては成熟した文化国家の形成に貢献していくということです。

本書の構成は「博物館の役割の変化に対応する」「質の高い博物館活動に資する安定した経営を目指す」「新たな活動を展開する」です。これは，社会に働きかけ，新たな価値を創造していく博物館像を展望するために，博物館を取り巻く環境の変化に対してどのような考え方に立って博物館の役割を提議できるか，独立行政法人制度の中でその特徴を最大限に生かした経営の在り方をどのように進めていけるのか，博物館と社会にある資源を活用してどのような活動を展開しうるのか，といった観点から現状と課題をまとめたものです。

博物館を取り巻く環境が変化し，博物館が定位置に存在し続けることが困難な時代にあって，国立科学博物館を一つの事例として，これからの博物館の在り方を考える上で本書がいささかでも参考になれば望外の喜びです。

目 次

『「科博」次のステップに向けて』の出版にあたり ……………………… ii

I章 博物館の役割の変化に対応する

1. 博物館は何を目指してきたのか
1-1. 博物館活動は時代と社会の要請に応じて変化し，発展していく ……… 2

2. 博物館の基本的な機能
2-1. 基本的機能のどこに重点を置くかは博物館によって異なる …………… 4
2-2. 資料の収集・保管，調査・研究，展示・教育の機能を有機的に結びつけ，相乗効果を発揮する ……………………………………… 5
2-3. 基本的機能と社会的要請との関係を考える ……………………………… 6

3. 変化する社会における博物館の役割
3-1. 博物館は教育を目的の一つとし，教育は博物館経営の中核をなす …… 9
3-2. 期待される役割 ……………………………………………………………… 10
（1）科学技術と人々の関係性を見直す /10
（2）将来の科学技術と人間と自然環境の在り方について展望する /10
3-3. 新たに期待される役割 ……………………………………………………… 11
（1）地域社会に対するメッセージを発信する /11
（2）自立した個人と社会における協働を目指す /11
3-4. 期待に応えるために ………………………………………………………… 15
（1）戦略的な業務運営による質の高いサービスを提供する /15
（2）広く人々への情報を発信する /15
（3）強みを生かしたサービスの提供 /16

4. ナショナルミュージアムとしての機能を充実する
4-1. アジア及び世界における科博の役割 ……………………………………… 17
4-2. 国立の総合的科学博物館の拡充 …………………………………………… 18
4-3. 博物資源を活用する ………………………………………………………… 19

II章　質の高い博物館活動に資する安定した経営を目指す

1．独立行政法人制度の意義と課題
　　1－1．独立した法人格を持ち自律的な運営を行う ……………… 22
　　1－2．制度上は自律的な組織編成や人員配置，財政運営が可能 ……………… 23
　　1－3．運営上明らかになった課題 ……………… 24
　　　（1）経費の縮減や自己収入増がインセンティブにならない /24
　　　（2）一律に人件費や運営費等の効率化が課せられている /26

2．より質の高いサービスの提供へ
　　2－1．ミッションを明確にし，実現する仕組みを整備する ……………… 27
　　　（1）科学技術基本計画や生物多様性国家戦略などの国の政策目標に寄与する /27
　　　（2）ナショナルセンターとしての機能を明確にする /28
　　　（3）利用者・ステークホルダーを知り，社会的責任を果たす /29
　　　（4）ミッションを明確にする /31
　　　（5）社会に貢献し社会とともに発展する博物館を目指す /32
　　2－2．経営戦略を構築する ……………… 34
　　　（1）ミッションをブレイクダウンし，戦略的に目標・計画を立案する /34
　　　（2）ＰＤＣＡサイクルを確立して業務改善に反映させる /36
　　　（3）民間の発想や手法を運営に取り入れていく仕組みを整備する /37
　　　（4）来館者を知る，来館者の満足度を知る /38
　　　（5）人々の理解・協力・支援を得て博物館活動を充実させる /38
　　2－3．経営資源を多様化する ……………… 42
　　　（1）運営費交付金に加え自己収入の獲得，外部の資源の活用を図る /42
　　　（2）民間競争入札：民間事業者と協力したサービスの向上 /43
　　　（3）施設貸与は博物館の魅力を知ってもらうための機会 /44
　　　（4）賛助会員制度によって個人や企業からの寄付の拡大に努める /45
　　　（5）魅力あるショップ・レストラン・カフェのサービスを提供する /46
　　2－4．経営システム──人員や財源等の資源配分を戦略的に行う ……………… 47
　　2－5．組織文化を改革する ……………… 48
　　　（1）社会に根ざし，社会に貢献する博物館としての組織文化の醸成 /49
　　　（2）3Cの意識を職員が共有することにより企画力を高める /50

2－6．今後の課題 ……………………………………………… 50
（1）ステークホルダーを知り，科博のプレゼンスを高める /50
（2）様々なセクターと連携し，事業のさらなる充実を図る /51

Ⅲ章　新たな活動を展開する

1．魅力ある展示活動の展開

1－1．「展示」にはいろいろあるけれど ……………………………… 55
1－2．展示は研究成果の還元〜科博の展示のバックグラウンドにあるもの … 55
1－3．博物館の展示に求められるもの ……………………………………… 57
（1）展示からメッセージを発信する /58
（2）展示のアミューズメント性を高める /59
1－4．科博における展示構成 ……………………………………………… 60
（1）常設展示は博物館の基礎体力 /60
（2）企画展示は博物館の応用力 /62
1－5．科博の常設展示 …………………………………………………… 63
（1）テーマは「人類と自然の共存をめざして」/63
（2）地球館で目指したもの /65
（3）日本館で目指したもの /68
1－6．企画展示 …………………………………………………………… 71
（1）様々な開催形態を開発していく試み /71
（2）新規顧客開拓に向けた取り組み /72
1－7．展示ができるまでの長い道のり …………………………………… 75
1－8．より展示を活用してもらうための取り組みと課題 ………………… 76
（1）展示見学の楽しみを倍増させるソフトの整備 /76
（2）展示資料の魅力を倍増させる人的資源の活用 /79
（3）常設展示の経年化，陳腐化 /80

2．生涯学習社会に対応した教育活動

2－1．教育活動は生涯にわたる学習機会を創る ………………………… 82
2－2．教育活動の特徴を生かす …………………………………………… 84
2－3．科学と社会をつなぐ仕組みを工夫する …………………………… 86

（1）人々にとって科学リテラシーが必要 /86
　　（2）自然観察会や実験教室などの教育活動を展開する /87
　　（3）研究者自らが一般の人に語りかけるディスカバリートーク /88
　　（4）科学リテラシー涵養活動を体系化する /89
　2-4．社会の物的・人的・知的資源を活用した教育活動 ……………… 94
　　（1）学会と連携して教育活動を行う /94
　　（2）地域・企業との連携によるサイエンススクエアを展開 /95
　2-5．連携による新しい知・サービスの協創 ……………………… 96
　　（1）大学パートナーシップ制度で学生の科学リテラシーの向上を図る /96
　　（2）学習指導要領に対応した学習プログラムを開発する /99
　　（3）教員のための博物館の日を始める /100
　　（4）教員のための博物館の日で地域の教育課題を共有する /102
　2-6．課題 …………………………………………………………… 104
　　（1）展示に潜むメッセージを表現し，伝え，対話する /104
　　（2）中高生向けの教育活動の在り方 /105
　　（3）継続的な教育活動を実施するうえでの課題 /107
　　（4）対話型データベースを開発する /108
　　（5）社会的な課題に対する教育活動の在り方 /109

3．自然史・科学技術史に関する中核的研究機関の役割
　3-1．研究機能を充実させる …………………………………………… 111
　　（1）科博研究機能の発展を振り返る /111
　　（2）自然史・科学技術史研究を推進する /112
　　（3）研究における中期的視野と長期的展望を定める /113
　　（4）研究グループ制を組織する /114
　　（5）館外研究機関との連携を強める /115
　　（6）研究資金の効果的運用と獲得に努める /116
　3-2．つくば移転によって研究機能を充実する ……………………… 117
　3-3．社会における科博の研究の意義を検討する …………………… 119
　3-4．研究部から社会へ発信する ……………………………………… 121
　　（1）インターネット社会における研究成果の発信 /121
　　（2）一般社会との双方向的連携を図る /122

（3）研究施設を公開する /123

4．標本資料の収集・保管・活用
　4－1．標本資料の収集・管理・活用を統合的に推進する ………………… 125
　4－2．DNA資料と標本を統合的に収集・管理・活用する …………………… 126
　4－3．コレクション管理を充実する ……………………………………………… 127
　4－4．自然史系博物館のネットワークを充実する ……………………………… 129
　4－5．GBIF（地球規模生物多様性情報機構）に貢献する ……………………… 130
　4－6．重要科学技術史資料の登録・保存活用を支援する …………………… 130
　4－7．標本資料のセーフティネットを構築する ………………………………… 132
　4－8．大災害から標本資料を守る ……………………………………………… 133

5．社会の要請に対応した人材養成・活用
　5－1．研究者を養成する ………………………………………………………… 136
　　（1）連携大学院を積極的に活用する /136
　5－2．サイエンスコミュニケーションを担う人材の養成 …………………… 138
　　（1）サイエンスコミュニケータ養成 /138
　　（2）博物館実習生の受け入れ /139
　　（3）学芸員アドバンストコース /140
　5－3．ボランティア ……………………………………………………………… 141
　　（1）教育ボランティアの経緯 /141
　　（2）今後のボランティア活動の可能性 /143

6．社会の要請に応えるための連携協力
　6－1．博物館の機能を拡大・充実するための連携 …………………………… 144
　　（1）博物館活動のあらゆる面における連携 /144
　　（2）連携における公的機関としての性格と連携の対象 /145
　　（3）連携における様々な段階 /146
　6－2．地域との連携 ……………………………………………………………… 147
　　（1）地域との関係を密接に /147
　　（2）地域との連携における様々な試み /148
　6－3．企業との連携 ……………………………………………………………… 150

（1）博物館事業への協力を得る /150
　　（2）企業の事業に協力する /151
　6－4．博物館連携 ……………………………………………… 152
　6－5．国際連携 ………………………………………………… 154
　6－6．連携協力をさらに進めていくために ………………… 156
　　（1）様々な内容での連携を進める /156
　　（2）様々な対象との連携を進める /157

7．広報は目的意識をもって
　7－1．相乗効果を生かす戦略的広報活動 …………………… 158
　7－2．具体的な広報活動 ……………………………………… 159
　7－3．より効果的な広報活動のために ……………………… 162

8．快適な博物館環境の整備～お客様サービス
　8－1．快適で楽しい空間を目指して ………………………… 164
　8－2．来館者調査の結果を鑑賞環境の改善に反映 ………… 164
　8－3．来館者調査から見る今後の課題 ……………………… 166
　8－4．頭が痛い見学マナー対策 ……………………………… 166
　8－5．何度でも足を運びたくなる博物館へ～リピーターの確保 ………… 168

　あとがき ………………………………………………………… 170

I 章
博物館の役割の変化に対応する

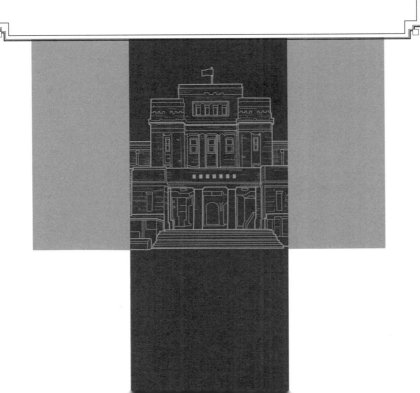

I章
博物館の役割の変化に対応する

1．博物館は何を目指してきたのか

1－1．博物館活動は時代と社会の要請に応じて変化し，発展していく

　日本の博物館に関する法律（博物館法第2条）は，博物館を次のように定義しています。「この法律において「博物館」とは，歴史，芸術，民俗，産業，自然科学等に関する資料を収集し，保管（育成を含む。以下同じ。）し，展示して教育的配慮の下に一般公衆の利用に供し，その教養，調査研究，レクリエーション等に資するために必要な事業を行い，あわせてこれらの資料に関する調査研究をすることを目的とする機関（以下省略）」。また，国際的な博物館のネットワークである国際博物館会議（ICOM）では，博物館を次のように定義しています。「博物館は社会とその発展に貢献し，人間とその環境に関する有形・無形の文化遺産を研究，教育，及び楽しみのために，取得，保存，伝達，展示する公開の非営利的常設機関である」。

　このように，博物館は人々の研究，教育，娯楽のために，資料を収集し，研究し，展示して，社会の発展に寄与する機関です。これはいつの時代においても不変な博物館の役割です。

　ところで，国際博物館会議の博物館の定義は1946（昭和21）年から7回修正が加えられ，現在の定義は2007（平成19）年に修正されたものです。近年の主な修正点は，資料の概念が広くなり，有形・無形の文化遺産を含むようになりました。例えば，無形文化財などを記録した映

像資料は博物館が扱う新たな資料として位置づけられます。

　人々の要求や社会の要請は時代とともに変わりつつあります。私たちは，社会のための，人々のための博物館という視点で，もう一度博物館の活動を考え直すことが必要です。特に人々の生活に関わる資料の社会的価値は時代ととともに変化しています。そう考えると，博物館の目的は変わりませんが，その目的を実現するための博物館活動の在り方は，時代の変化と社会の要請に応じて変化し，見直され，発展していきます。

2．博物館の基本的な機能

2−1．基本的機能のどこに重点を置くかは博物館によって異なる

　前述した二つの博物館の定義（博物館法第2条と国際博物館会議の定義）を比較すると，共通する博物館の基本的機能がわかります。博物館は，資料を収集し保管する機能，調査・研究する機能，展示し教育する機能，という三つの機能を持っています。

　さて，国立科学博物館（以下，科博と表記）の目的は，「独立行政法人国立科学博物館は，博物館を設置して，自然史に関する科学その他の自然科学及びその応用に関する調査及び研究並びにこれらに関する資料の収集，保管（育成を含む。）及び公衆への供覧等を行うことにより，自然科学及び社会教育の振興を図ることを目的とする。」（独立行政法人国立科学博物館法第3条）とあります。科博は，博物館法第2条に比較し，自然史科学と自然科学の応用に関する調査・研究機能に重点を置いて博物館を運営していることがわかります。これには歴史的経緯があり，科博は設立当初，教育博物館として社会的役割を果たしましたが，戦後，自然史科学研究センターの機能が付与され，調査・研究機能の充実が図られました（詳細はⅢ章3−1を参照）。

　他方，東京国立博物館を含む国立文化財機構は，その目的を，「独立行政法人国立文化財機構は，博物館を設置して有形文化財を収集し，保管して公衆の観覧に供するとともに，文化財に関する調査及び研究等を行うことにより，貴重な国民的財産である文化財の保存及び活用を図ることを目的とする。」（独立行政法人国立文化財機構法第3条）としています。このように文化財の保存など，資料の収集・保管，活用に重点を置く博物館もあります。

　さらには展示・教育機能に重点を置く施設もあります。例えば科学館は資料の収集・保管，調査・研究及び展示・教育という三つの機能のうち展示・教育機能に特化した機関であり，資料の収集・保管，調査・研究機能を有していません。このように各施設は，それぞれの使命と社会

的役割を踏まえ，どの機能に重点を置いて活動するかが異なっていますが，資料の収集・保管，調査・研究，展示・教育の機能を満たしていることが博物館の条件です。

2－2．資料の収集・保管，調査・研究，展示・教育の機能を有機的に結びつけ，相乗効果を発揮する

　博物館において，資料の収集・保管，調査・研究，展示・教育が基本的機能で，不可欠な機能です。一つの機能が不全になると他の機能を発揮できなくなる可能性があります。例えば調査・研究機能が不全になった場合，学術的価値を有する資料を見極め，収集することができなくなり，その研究成果を生かした展示や教育機能も十分に発揮できなくなります。それぞれの機能が十全に働くことにより，博物館としての健全な発展があります。

　しかも，この三つの機能がそれぞれ社会との連携をもちながら展開することが重要です。例えば自然史系博物館が地域の生物多様性の調査・研究を行う場合，市民科学者や市民学芸員といわれる方々の情報や調査結果を活用し，または一緒に調査することがあります（詳細はⅢ章3－4を参照）。資料の収集についても同様な取り組みがあります。展示・教育についても，直接研究者が対話をすることにより，参加者のニーズを受け取り，新たな展示や教育の創造に資することができます（例えば，Ⅲ章2－3を参照）。

　さらに，資料の収集・保管，調査・研究，展示・教育という三つの機能は，独立した働きですが，これらが有機的に連関して働くことが博物館活動の充実につながります。資料を収集することによって調査・研究が進むこと，調査・研究の成果が学術的価値の高い資料を収集できること，収集・保管と調査・研究の成果を展示・教育に生かすことが重要です。逆に，展示・教育から調査・研究と収集・保管へのフィードバックも重要です。このように資料の収集・保管，調査・研究，展示・教育の三つの機能を有機的に結びつけ，相乗効果を発揮する博物館経営が求め

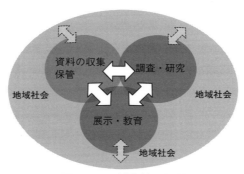

図Ⅰ-1　博物館の役割

られています（図Ⅰ-1）。

2-3．基本的機能と社会的要請との関係を考える

　図Ⅰ-2は，博物館の三つの基本機能に，時間軸と社会からの要請の視点での機能をあわせて示したものです。図の中の一番手前にある円でつながれた部分は，収集・保管，調査・研究，展示・教育の三つの基本的機能を表しています。これらの機能を現在を中心に見たとき，過去に対しては文化を継承すること，現在は目下の課題を解決すること，そして未来に向けては価値を創造していくことが求められるとともに，その時々の人々の要望や社会の要請に応えていくことを示しており，連続する時間の中で博物館の機能が変化していくことを表しています。

　一般の人々の多くは，博物館の基本機能をこの収集・保管，調査・研究，展示・教育とは捉えていないのが実状です。矢印の下にある三連の図形は，社会から博物館に要請されているもの，あるいは博物館の機能の表出としてわかりやすい言葉に還元した博物館の機能で，一般の人々は，文化の継承，課題の解決，価値の創造という観点から博物館に期待する所が大きいように見受けられます。文化の継承，課題の解決，価値の創造は，収集・保管，調査・研究，展示・教育といった博物館側がその基本的機能と考える事項とは直接的には結びついていません。このことは，博物館が提唱してきた文化的価値や博物館の基本的機能と，社会

図Ⅰ-2　博物館の機能

の期待との関係性が明らではなかったことを意味しています。

　図Ⅰ-3は一般の人々の科学技術に関する知識の情報源についての調査の結果ですが，科学館・博物館は，順位，百分率とも博物館関係者としては不本意なほど低い位置にあります。このような調査結果は，人々の目にはどのように映るのでしょうか。

　博物館活動において資料の収集・保管，調査・研究，展示・教育という三つの基本的機能が有機的に連携し，社会との連携を持ちながら展開することを紹介してきました。この理念は，博物館は自ずと行っているものの，社会に対しその価値と意義を明確に強調してきませんでした。

　博物館の文化的価値を享受している利用者と社会から博物館活動を見れば，博物館には，個人が博物館を楽しみ，知的な体験をするという個人的価値，人類共有の財産である資料を収集し，保管し，将来に継承し調査・研究を行い，その成果を発信する学術的価値，そして結果として博物館活動が社会，経済，文化，教育に影響を及ぼす社会的価値があります。科博は，独立行政法人化後に大きな飛躍があり，入館者が増え，より多くの方に博物館活動を体験していただきました。いわゆる社会的価値が高まったことは確かです。近年の行政評価は，博物館のこの社会的価値を重要視する傾向がありますが，私たちは，社会的価値に限らず，量的，質的にも，博物館の価値を見極める必要があります。

　人々の今日的な課題に対応できない博物館の活動は，日常からは縁遠いものとなり，世間の人々の関心の中で低いところに留まる結果となり

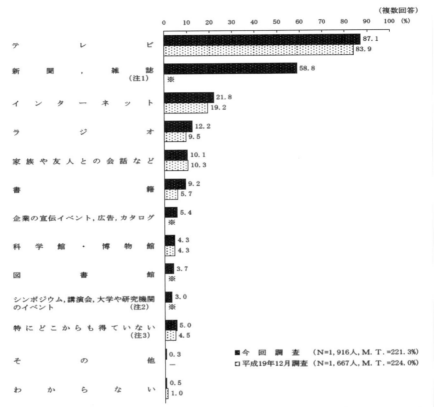

出典：科学技術と社会に関する世論調査，内閣府，平成22年1月調査（www8.cao.go.jp）
図Ⅰ－3　科学技術に関する知識の情報源

ます。博物館への人々の理解を高めるためには，博物館機能そのものを今日の人々や社会の日常の課題に対応させるとともに，その価値をわかりやすく示す必要があります。

　例えば，博物館は環境問題や生物多様性等の地球規模の課題に対して応え，社会的有用性のある調査・研究や資料の収集を行っている現場・過程を一般の人々に情報発信するとともに，それらを人々に体験してもらう機会を提供することなど，今日的な課題に対してどのような役割を果たしているかを能動的に発信していくことが重要です。

3．変化する社会における博物館の役割

3－1．博物館は教育を目的の一つとし，教育は博物館経営の中核をなす

　前述した国際博物館会議（ICOM）の定義にもあるように，博物館は教育を目的の一つとする機関で，博物館教育は，資料の収集・保管，調査・研究，展示・教育という全ての機能を通して展開されると言ってよいでしょう。

　アメリカ博物館協会の勧告書「卓越と公平」によると，「博物館は公共サービスと教育のための施設である」とされています。この方針を達成するために，勧告書は教育を公共サービスの中心に置き，博物館の教育的役割を強調するとともに，博物館教育の新たな展開を目指し，「博物館において教育が使命の中心であることを明示すること。」を宣言しています。英国の文化遺産省の報告書「共通の富」では，博物館の資料は全ての人々の共有すべき財産であると位置づけ，人々がそれにアクセスし，それを活用するために教育活動の充実を求めています。そして「学習資源としての博物館」を提案し，資料，展示，教育活動，サービス等が人々の学習にとって重要な資源となることを強調しています。日本博物館協会の報告「『対話と連携』の博物館」では，資料の収集・保管，調査・研究，展示・教育といった基礎的な機能に加え，新しい要請（ニーズ）として，収集倫理，デジタル・アーカイブ，学校連携，地域連携，市民参加等をあげています。従来の博物館活動の主体は資料の収集・保管等の内部の活動であるのに対し，新しい要請の多くは教育を中心とした博物館機能の拡大を意味します。博物館は他の博物館，学校，地域等との連携を深め，より教育力のある生涯学習機関として役割を果たさなければなりません。

　近年の博物館界では，新しい要請に対応した博物館の在り方を模索しており，他の教育機関との連携協働によって博物館のもつ潜在能力を引き出し，新たな教育力をもった博物館像を目指しています。すなわち現代社会における博物館は，公共サービスの中核に教育機能をおき，社会

からの多様な要請に応える学習資源と位置づけることができます
　このように博物館教育は博物館経営の中核をなし，そこでは博物館の使命と社会の要請を踏まえた教育の在り方が求められています。博物館教育を，博物館が意図して行う個別の教育活動に限定することなく，資料の収集・保管，調査・研究，展示・教育の諸活動の総体であり，社会を構成する人々と博物館との関係性において捉えることが重要です。社会における博物館の役割をこの観点からみることが必要だと思います。

3－2．期待される役割
（1）科学技術と人々の関係性を見直す
　科学技術の発展により，私たちの生活は豊かに，便利になりました。科学技術の成果である様々な製品は私たちの生活の必需品となっています。しかし科学技術そのものが高度化することで，一般の人々が科学技術の内容を理解することが困難になり，科学技術の成果を利用しているにもかかわらず，無関心になりがちです。「愛の反対は憎しみではなく無関心です」というマザーテレサの言葉のように，科学技術に対する無関心こそが最も大きな課題です。博物館は，人々が科学技術に対して関心をもち続けるように，科学技術と人々の関係性を見直し，社会における科学技術の役割を考察できる人材づくり，環境醸成に一層努力することが重要です。

（2）将来の科学技術と人間と自然環境の在り方について展望する
　近年における科学技術の急速な発展は，人々の活動範囲を飛躍的に拡大させ，地球上のあらゆる所に人間の影響が及んでいると言えます。その結果，生物多様性の危機，地球温暖化などの自然環境の激変が起きています。特に，生物多様性が豊かなアジア地域においてその変化が顕著です。
　自然環境の激変は，科学技術の発展と自然環境との相互作用の結果です。その変化を標本資料をもって記録し，蓄積し，後世に継承していく

ことが博物館に求められています。私たちは博物館に蓄積された資料を見て，研究することで，過去を知り，現在の状況を判断し，将来の科学技術と人間と自然環境の在り方について展望することができます。

3-3. 新たに期待される役割
(1) 地域社会に対するメッセージを発信する

情報発信機能の充実は重要な課題です。博物館の存在感を高めるとともに，人々にとって必要な情報の入手源としての機能を果たします。入館者数は，言うまでもなく評価の対象となりますが，これからは情報の入手源としてどれだけ機能しているかも，重要な評価対象になると思われます。前述の内閣府の科学技術に関する知識の情報源の調査（図Ⅰ-3）によると，科学館・博物館を選んだ人の割合は，2010（平成22）年度は4.3％でした。その割合は，テレビ，新聞，インターネットなどのメディアに比較し，きわめて低い状況です。科学館・博物館の数や所在地などの制約はありますが，情報発信そのものに，もっと工夫がいることを示しているようにも思います。

発信する情報には，研究成果や展示・教育活動など，博物館の活動に関することと，博物館から地域社会に対する提言を含むメッセージがあります。社会的課題，地域の話題などについては，地域の人々からの声が博物館に寄せられ，博物館でその情報を加工して，博物館を媒体として発信することもあります。地域社会に対し博物館の持つ資源を活用して，地域社会の在り方を提案する博物館という新たな時代が始まっています。いわば，社会を拓くための情報発信機能の充実が必要です。

(2) 自立した個人と社会における協働を目指す
① 個人の成長と社会の発展を進める
a) 知識基盤社会における人々の要望と社会の要請に応える

2005（平成17）年の中央教育審議会答申によれば，「知識基盤社会」とは，新しい知識・情報・技術が政治・経済・文化をはじめ社会のあ

らゆる領域での活動の基盤として飛躍的に重要性を増す社会のことを言います。そこでは，知識のグローバル化が進み，競争と技術革新が絶え間なく生まれ，知識の進展はパラダイムの転換を伴うことが多く，幅広い知識と柔軟な思考力に基づく判断が一層重要になるといわれています。

　知識基盤社会において人々が充実して心豊かで，経済的にも恵まれた生活を送り，社会を支え，発展させるためには，一人一人が自ら課題を見つけ考える力，知識や技術などを活用して困難な課題を解決する力，他者との関係を築く力など，総合的な「知」が必要です。このような知は，生涯にわたる様々な学習の機会を通じて身につくものであり，知識基盤社会においては，人々が生涯学習の理念を共有することが重要です。

　知識基盤社会は，生涯学習社会の実現を必要とします。生涯学習社会は，一人一人が，あらゆる機会に，あらゆる場所において学習することができ，その成果を生かすことができる社会で，博物館をはじめ，あらゆる施設は，社会との関係性をこれまで以上に重視し，強めることを求められています。博物館は，個人の成長を求めて，人々が生涯を通じて等しく利用することができ，またその学習の成果を生かす場として社会的役割を果たす必要があります。

　例えば，個人が学んだ成果をボランティア活動などによって博物館の活動を支援することで，社会における博物館の在り方を自ずと考えるようになり，博物館に対する理解が進むものと考えられます。

　知識基盤社会において博物館は，社会との関係性を強化しつつ，社会の発展に寄与するとともに，これらを通して社会に積極的に貢献することができます。このため博物館は，人々が豊かに生きることが社会の豊かさにつながることを目指して，人々の要望と社会の要請を踏まえて経営することが必要です。

　b）社会に対し働きかける

　　社会をどう変えていくのか，社会のありようを提示し，個人と社会

に働きかける必要があります。

　人々の要望は高度化，多様化しています。複雑・高度化する社会において社会の要請は多岐にわたります。博物館は，満足度調査やマーケティング，日々のコミュニケーションなどを通じて，人々の要望を汲み取り，活動の改善を図っています。

　しかし一方で，人々の要望と社会の要請は必ずしも一致しません。社会を構成する人々の要望を汲み取ることは重要ですが，それだけに頼っているのは半面しか見ていないことになります。博物館の公共的な性格を考えるとき，これからの社会の方向性を見据え，社会に何が求められているのかを的確に把握し，社会に働きかけることも大切です。

② 人と社会をつなぐ協働的な活動を行う

　2011（平成23）年の東日本大震災後，明らかに社会的状況は変わってきました。公的機関や科学技術に対する個人の態度が変化していると思われます。一般の人々が，近所の公園や通学路に線量計を持って放射線量を測定している様子が象徴しているように，公的機関の発表や科学技術に対する不信感があるようです。

　疑問に思ったことを自分で調査することは，人々が自立して自分の身を守り，他人任せにしないことにつながります。このような姿勢が科学リテラシーの基礎となります。しかし，個人の自立だけでは，様々な課題を解決できません。自立した個人の活動と，社会の一人一人が協働して課題を解決するという二つの側面が必要です。実際，エネルギー需要に関連するような複雑な課題は，専門家だけでは解決することは困難で，市民一人一人の参画とそれぞれの意見に基づいた合意形成が必要です。一人一人が課題に対し，自立的に判断し，対話を通じて，合意形成し，協働して解決していく市民参画型の社会が求められています。

　個人の自立と社会における協働を実現するために，博物館の役割が注目されます。博物館は，課題に対し，知を共有し，創造する。その

結果，個人は成長し，社会は成熟していくことにつながります。博物館は，人々の対話を促し，知の共有と創造の過程に価値を見いだし，表現することで，個人の成長を社会に還元し，社会の成熟・発展に貢献することができるでしょう。これは，人々と博物館の協働を通じて新たな知やサービスを創造するという協働的・協創的な活動と言えるでしょう。博物館は，社会における知の協働・協創のためのプラットホームの役割を果たすべきだと思います。博物館の一般利用者，専門家，設置者等の関係者が対話し，共同体の一員として協働的・協創的な活動に関わることを意識することが重要です。各関係者が時には批判し合い，落としどころを見いだしたり，新たなサービスを創造したりして，協働的・協創的な活動を創出することになるでしょう。その際，博物館の館種，国・地方の立場，社会的立場，国境を越えて，社会と世代をつなぎ，理念を共有し，課題に対し協働し，価値を創造することが重要です。博物館は，以前にもまして，社会の様々な活動主体と連携・協働して地域の文化を創造し，社会の中で存在意義を高めて行くことが重要です。

　科博は，地域の博物館と連携してコラボミュージアムを行ってきましたが，2011（平成23）年度から震災地区との連携活動として「復興コラボミュージアム」を実施しています。東北地域の博物館や公民館に大型の標本を設置し，関連する講演会や教育活動を展開し，その地域の文化的復興を支援しています。このように博物館が社会と連携・協働して，社会に働きかけて，より良い社会に変えていく過程に博物館の存在意義があるのでしょう。

③ 知産知承：社会に支えられ，社会とともに協創する

　地域の課題に対し，知恵を出し合い，解決していく，地域にある知を掘り起こし，知を創造し，知を共有し，継承し，発信していく活動（知産知承）が重要です。博物館は地域の資源を活用して成長する姿を目指すべきです。地域の課題に対し，地域社会とともに協働して，新しい価値を創造する博物館活動という視点です。この活動は，人と人，

世代をつなぐ知のプラットホームです。博物館を含め，教育機関，研究機関（科学コミュニティ），企業，NPO等がサイエンスコミュニケーションを通じて，協働して課題に取り組むことで，新しい価値を創造することができます。

　社会との関係性を重視した経営とは，人々の要望と社会の要請を調和的に汲み取ることです。現代の博物館には，社会からの多様な要請を受けながら成長していく姿が望まれていて，それは，博物館と社会との関係性を高め，社会の中に博物館の活動を根付かせ，社会に支えられ，社会に対し貢献し，社会とともに協創する博物館を目指すことに他なりません。博物館が社会との関係性を高めていくことは，博物館が地域社会において重要な存在で，文化・教育基盤の一部をなすものでもあることを主張していくことです。

3-4. 期待に応えるために

　博物館がその役割を果たすために，博物館の諸機能を有機的に関連づけて質の高いサービスを提供することが求められます。

(1) 戦略的な業務運営による質の高いサービスを提供する

　厳しい財政状況の下，行政改革，財政改革が進み，公的な機関には効果的・効率的な業務運営と透明性のある経営が求められています。国立の機関に関しては独立行政法人化，公立の博物館には指定管理者制度の導入など，今後も厳しい経営環境は続くと考えられます。

　科博は2001（平成13）年に独立行政法人となりましたが，その特色を活かし，明確な経営理念と長期的展望をもって自主的・自立的な経営を行ってきました。今後も経営の透明性を高めるために，自己点検，外部評価を行うとともに，より戦略的な組織や業務運営を行い，人々に対し質の高いサービスを提供する必要があります。

(2) 広く人々への情報を発信する

博物館において情報を一般の人に対し発信するメールマガジン，ホームページ等を効果的に活用していくことが，博物館の認知度を高めていくことになります。様々なイベント情報，展示情報，標本資料に関する情報，運営状況に関する情報等，人々が求める情報は多様です。これらの情報を積極的に発信し，人々に届けることで，人々がイベントに参加したり，展示を見学したり，貴重な資料を調査したりするなど，博物館の資源を有効に活用して，人々の文化的活動を支援することにつながります。

　また身体的，物理的，経済的，精神的理由等で実際に博物館に来館できない人々に対し，博物館の情報を発信することで，博物館を理解していただくことも大切です。その情報がきっかけとなって来館することにもつながります。

（3）強みを生かしたサービスの提供

　博物館は標本資料を収集し，保管し，人類共通の財産として将来にわたって継承していきます。収集・保管された標本資料は博物館での調査・研究に活用されます。それだけでなく標本資料の情報をデータベース化し，インターネットを通じて公開することにより，国内外の研究者が調査・研究のために広く活用できます。さらに標本資料を活用して，博物館ならではの展示や教育活動を通じて研究成果を発信していくことが重要です。そのためには，資料の収集・保管，調査・研究，展示・教育の機能を有機的につなぎ，総体として博物館のサービスを発揮する体制と人材が必要です。

4．ナショナルミュージアムとしての機能を充実する

4－1．アジア及び世界における科博の役割

　科博は，国内唯一の国立の科学系博物館として研究や標本資料の収集・管理・活用，展示，学習支援等すべての分野において先進的な活動を展開しています。また，科博はアジアと世界における中核的博物館として，国際会議やワークショップを開催したり，国外の研究者と共同研究を行ったりしています。しかし，欧米の科学系博物館と比べると，科博の国際的な活動には改善すべき点があります。例えばヨーロッパを見ると，ロンドンにある自然史博物館やフランス国立自然史博物館等が，アフリカの発展途上国と協力して生物多様性研究を進めています。また，アメリカではワシントンにある国立自然史博物館が中南米諸国と協力して生物多様性の研究を進め，招聘プログラム等を通じて研究者を支援しています。アジア地域における科博の活動は，欧米の自然史博物館と比べると残念ながら不十分です。

　アジアは世界で生物多様性が最も高い地域と言われています。ところが東南アジア諸国には国立自然史博物館が存在しないため，十分な標本資料が整備されていません。また，研究を進めるために不可欠である文献も十分ではありません。このため東南アジアを始めとするアジアの発展途上国の自然史研究者は，日本の援助を必要としています。科博が中心となって，東南アジア諸国の自然史研究者とネットワークを構築するとともに，シンガポールや台湾，韓国等の自然史系博物館や研究機関と協力して，国際共同活動を促進する必要があるでしょう。

　また，地球規模生物多様性情報機構（GBIF：Global Biodiversity Information Facility）が発信している生物多様性情報を見ると，アジア地域のデータが不足しています。アジア地域では，GBIFの正式参加国は日本と韓国の2ヵ国のみであるためデータが不足しているのです。しかし，最近，科博の研究者がGBIF事務局と協力してインドネシアのGBIFノード構築に貢献しました。これによって，インドネシアの生物

多様性情報の収集と発信活動が大きく前進しました。この活動はインドネシアや GBIF 事務局から高く評価され，科博の研究者の国際連携や発展途上国支援の好例と言えます。科博の研究者数は欧米の自然史系博物館より少ないとは言っても，国際連携や国際支援活動の対象分野と目的を具体的に絞り込めば，大いに活躍する余地があると言えるでしょう。

4－2．国立の総合的科学博物館の拡充

科博は自然科学の研究，とりわけ自然史と科学技術史の研究において先導的な役割を果たさねばなりません。また，標本資料の収集・保管・活用，展示や学習支援活動においてもリーダーシップを発揮することが求められています。科博はこれらすべての分野において活発な活動を展開してきましたが，日本がアジアや世界で占める地位を考慮すると，科博は欧米の自然史系博物館や科学系博物館に匹敵する水準を目指す必要があるでしょう。残念ながら，現時点で科博を欧米の国立博物館と比較すると，様々な面で不十分と言わざるを得ません。欧米の博物館と肩を並べるためには，科博の施設やマンパワーを拡充する必要があります。

日本列島は北から南まで 3000 キロメートルもあります。このため，科博の全国的な活動を展開するためには，関東圏以外の地域に分館を設立する必要があります。インターネットが発達した今日でも，展示や学習支援活動を行うためには，関東圏以外の地域に拠点が必要です。展示を見に来る来館者や講演会の受講者を見れば，科博は依然として関東圏の博物館に留まっていると言えるでしょう。科博の影響力は関東圏以外の地域では不十分と言わざるを得ません。

また，自然史研究を発展させるためには，関東圏とは異なる自然環境をもつ地域，すなわち北海道あるいは東北地方，そして沖縄に分館を設立する必要があります。とりわけ沖縄は，生物多様性が高い東南アジア地域の自然史研究の拠点を構築する絶好の地域です。さらに，標本資料を安全に保管し，次世代に継承するためにも，離れた地域に複数の施設をもつ必要があります。東日本大震災は多くの教訓を残しましたが，標

本資料を保管する博物館施設が一ヵ所に集中することの危険性も明らかにしました。残念ながら日本は，地震や火山の噴火，あるいは台風などの自然災害から逃れることはできません。予想されている大災害の一つは東南海地震です。巨大な東南海地震は，関東から九州までの太平洋沿岸地域に甚大な被害を与えると予測されています。したがって，貴重な標本資料を次世代に安全に継承するため，関東圏から離れた地域に科博の分館を建設することが必要です。

4-3．博物資源を活用する

　科博は調査・研究と資料の収集において国内の博物館では最も大きな規模で，高度な専門性を有し，成果を上げている博物館です。その標本点数は，国際的にやや見劣りするものの400万点を超え，我が国のナショナルコレクションとして将来にわたり継承し，保管・活用していく使命があります。

　収集・保管された貴重な標本と関連する研究成果の一部は，展示や教育活動を通じて社会に還元されています。400万点のうち2万3000点が展示されていますが，多くは収蔵庫に保管された状態です。このような標本資料と研究成果，さらには知的情報を博物資源として有効に活用し，社会の要請に基づき，人々に還元することがますます重要になっています。

　近年，国際的に博物館における展示の運営や展示を活用した教育活動など，博物館の効果的な運営であるソフトパワーが重視されています。しかし，我が国の博物館では，効果的な展示手法や展示を活用したコミュニケーション手法等が必ずしも確立されておらず，その理論的な研究はこれからです。

　科博は自館の博物資源を活用して，展示や教育活動を大規模に効果的に展開してきていますが，それだけに留まらず，ナショナルミュージアムとして，地域の博物館の資源を地域の人々の文化・教養・研究や学校教育などに還元できるように支援することも重要な責務です。それには

博物館の壁を乗り越えて，人々に博物資源を有効活用してもらうための効果的な展示法やコミュニケーションに関する研究開発が必要です。具体的には，科博や他の科学系博物館の展示施設等を研究フィールドとして，博物資源を活用した効果的なコミュニケーションの在り方や，それを生み出す展示手法の在り方について研究し，国内外の博物館に対し，その成果を発信することが考えられます。さらに，これらを担う専門的人材を養成し，我が国における博物館教育のモデルとして提案することも重要です。この人材は，博物資源を管理する人材と相まって，科博だけでなく地域の博物館活動を支える核となる人材です。このような活動によって，従来経験的に行ってきた展示の効果的な配置や教育活動の在り方を実証的に示すことができ，より効果的で効率的な展示・教育活動が可能となります。

　地域の博物館に保管されている貴重な標本・資料を，保存が損なわれない範囲で教育に活用し，人々に博物館の素晴らしさ，貴重性を伝えることが重要です。そのためには，科博が中心となって我が国の博物館にある博物資源を有効活用できるナショナルセンター機能を充実させる必要があります。そして，多くの博物館の博物資源を活用するモデルを提示することで地域博物館を支援し，地域の文化を醸成し，教育を振興することが可能となります。

II章
質の高い博物館活動に資する安定した経営を目指す

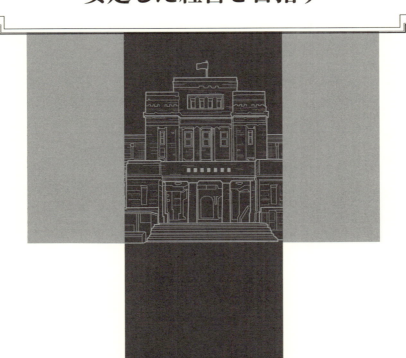

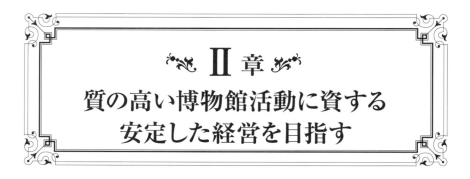

II章
質の高い博物館活動に資する安定した経営を目指す

1．独立行政法人制度の意義と課題

1－1．独立した法人格を持ち自律的な運営を行う

　独立行政法人制度とは，政府の行政機能の減量・効率化の一環として，1997（平成9）年12月の「行政改革会議最終報告」において，政策の企画・立案機能と実施機能を分離し，事務・事業の効率性の向上，質の向上及び透明性の確保を図ることを目的として，提言された仕組みです。

　この提言に基づき，1999（平成11）年に独立行政法人通則法が制定され，2001（平成13）年4月に，科博を含む57の独立行政法人が誕生しました。

　独立行政法人とは，公共性の高い事務・事業のうち，国が直接実施する必要はないが，民間の主体に委ねると実施されないおそれのあるものを実施するものとされています。業務を担当する機関に独立の法人格を与えて自律的な運営を行わせることで，業務の質と効率的な運営を両立させる仕組みが整備されています。

　具体的には，①中期的な目標管理と第三者による事後評価，②自律的な業務運営の確保，③透明性の確保，を特徴とした制度になっています。

① 中期的な目標管理と第三者による事後評価
　　主務大臣は，独立行政法人ごとに3年以上5年以下の期間において，業務運営に関する中期目標を定めて独立行政法人に指示します。独立行政法人は中期計画を作成して主務大臣の認可を受けるとともに，毎

年度ごとに年度計画を策定することとされています。独立行政法人は中期計画，年度計画に基づき業務を遂行しますが，毎年度及び中期目標期間終了後，第三者による評価が行われることとなります。

② **自律的な業務運営の確保**

独立行政法人は，法人自らの判断により効果的な組織編成や人員配置を行うことが可能となっています。また，国から交付される運営費交付金であっても，予定された使途以外の使途に充てることが可能であるなど，自律的な財政運営が可能となる仕組みが組み込まれています。

③ **透明性の確保**

国からの出資を受け，また運営費交付金を受けて事業を行うことから，国民に対する説明責任を果たすため，業務・財務運営に係る広範な事項を公表するとともに，情報開示制度を設けることにより，業務の透明性が確保されています。

また，これらの仕組みに加え，独立行政法人に対して自己収入の増加目標を設定するとともに，収入の増加などに対するインセンティブ（剰余金を繰り越して業務に使用することが可能となる）を設けるなど，国の支出の削減を図る設計が導入されました。

このように，国の支出を減らしながら，独立行政法人が自律的に効果的・効率的に運営を行い，公共性の高い事業を行っていくというのが，独立行政法人制度導入のねらいと言えます。

1－2．制度上は自律的な組織編成や人員配置，財政運営が可能

独立行政法人制度では，業務を担当する機関に独立の法人格を与えて自律的な運営を行わせることで，業務の質と効率的な運営を両立させる仕組みが導入されています。

例えば，人事的な面については，独立行政法人の判断で組織の再編等を行うことができます。科博が国の機関であったときは，法令等により組織の名称や定員が定められていました。しかし，独立行政法人化後は，

一つの独立した法人として，自らの判断により効果的な組織編成や人員配置を行うことが可能となっています。また，独立行政法人の長は，理事を任免する権限を有しています。給与や就業規則等についても，法人が自ら定めることが可能となっており，また役員の報酬等については，法人の業績等が反映される仕組みとなっています。

　財務的な面でも自律性が大きくなっています。国の機関であったときは，予算について，他の費目で使用することや次年度への繰り越しができなかったのに対し，独立行政法人化後は国から交付される運営費交付金についても，予定された使途以外の使途に機動的に充てることが可能となっています。さらに制度上は，経営努力により生じた剰余金については，主務大臣の承認を受けて，繰り越して使用することができるなど，自律的に効率的，効果的な財政運営が可能となる仕組みが組み込まれています。

　これらのことから，例えば重点的に取り組むことが必要と認められる調査・研究の遂行や展示の企画・実施などにおいて，これらの業務を担当する組織に人員，予算を集中的に投下することもできますし，また，萌芽的な研究の育成や標本資料の緊急の受入などについても，法人自らが迅速に意思決定を行い実施することができます。

　このように，機動的・効果的に法人が業務を運営できる仕組みとなっており，これは独立行政法人制度導入のメリットということができるでしょう。

１－３．運営上明らかになった課題

　しかし，実際に独立行政法人制度のもとで運営を行っていく中で，いくつかの問題も明らかになりました。

（１）経費の縮減や自己収入増がインセンティブにならない

　制度上は，収入の増や経費の削減等，経営努力により生じた剰余金については，主務大臣の承認を受けて，中期計画で定められた使途の範囲

内で繰り越して使用することができるようになっています。しかし，主務大臣の承認が得られなかった場合は，その剰余金は法人で使用することはできず，中期目標期間終了とともに国に返納することになります。

剰余金の申請が法人から国にあった場合，主務省は財務省と協議して認定を行うこととしています。その際のルールを明確化するため，2006（平成 18）年に総務省において「独立行政法人の経営努力認定について」という基準が定められました。しかし，その基準は，独立行政法人にとってハードルが高いものとなっています。

例えば，基準では「利益の実績が原則として前年度実績額を上回ること」とされており，原則として右肩上がりでなければ認められないとし，さらに認められる額も，前年度から上回った部分のみとなりました。また，「収入の増加が当該事業年度において新規に生じたこと」とされており，例えば，各年度ごとにテーマや内容に工夫を凝らして特別展等を実施し入館料収入を増加させたとしても，「特別展」というスタイルの従来からの事業の一環によるものとみなされ，経営努力としては認定されなくなりました。

科博の行う事業は，国からの運営費交付金と，入場料等の自己収入で賄われています。2013（平成 25）年度の年間予算で見れば，運営予算の 9 割近くは国からの運営費交付金，いわば国民の税金によるものです。そのため，科博では，光熱水費や物品の購入等様々な部分で経費の節減に努めています。また，施設の貸与や賛助会員制度など，財源の多様化にも努めています。

一方，様々な企画展や学習支援活動の実施，展示更新等の事業の充実も課題になっています。経営努力で獲得した剰余金がこれらの事業に使えることになれば，さらなる事業の充実が可能となるはずです。

このように，収入の増や経費の節減等の経営努力が，法人運営のインセンティブに必ずしもならない状況になっていますが，今後，「平成 18 年基準」の見直しが進み，効果的に事業の充実に生かしていけるような仕組みとなることを期待しています。

(2) 一律に人件費や運営費等の効率化が課せられている

　制度上，独立行政法人は主務大臣から与えられた目標の範囲内で，予算の執行など運営上幅広い裁量権が法人の長に与えられています。

　しかし，実際には中期計画策定の際に，総務省・財務省との協議の中で，業務経費や一般管理費，人件費等の効率化目標を定量的に定めることが求められ，さらにその数値目標も各独立行政法人がほぼ横並びで定められてしまいます。

　経費の削減については，2006（平成 18）年度からの中期目標期間においては，一般管理費が５年間で 15％以上，業務経費が５年間で５％以上の削減を図ることとされました。

　また，人件費についても５年間で５％以上の削減を図ることとされたのです。そのため，例えば各法人において，専門的な職員の充実を自らの裁量で図ることはほぼ不可能となっています。さらに，2011（平成 23）年度からの中期目標期間でも，一般管理費が５年間で 15％以上削減，業務経費が５年間で５％以上削減という目標が課せられています。

　例えば，管理部門が比較的大きな法人であれば，管理業務等の民間委託を行うなど，アウトソーシング等により人件費の削減を図る方法もあるかもしれません。しかし，科博では，自然科学等の専門的な人材の確保・充実が事業の充実に直結します。人件費の削減は，専門的な人材の縮小に直結しかねず，ひいては，調査・研究や標本資料，展示・学習支援等の事業に深刻な影響を及ぼしかねません。

　独立行政法人に対し一律に削減義務が課せられるような現状は，法人の特性に応じた自律的な運営を困難とするものであり，今後の見直しが求められる部分です。

2．より質の高いサービスの提供へ

2-1．ミッションを明確にし，実現する仕組みを整備する
(1) 科学技術基本計画や生物多様性国家戦略などの国の政策目標に寄与する

現在，科学技術の急速な進展，情報の高度化，自然環境の激変など，人類を取り巻く環境が劇的に変化しています。そのような時代の中で，我が国は科学技術創造立国として，また生物多様性の保全とその持続可能な利用という国家戦略の観点から，環境重視の先駆的国家としての機能を国際的にも果たして行くことが求められています。

政府は，科学技術基本計画や生物多様性国家戦略を策定し，国の機関等が連携してその推進に取り組んでいるところですし，科学技術創造立国や生物多様性保全の重要性は，社会的にも広く認められていると思います。

科博は，自然史及び科学技術史を対象とする機関です。そのため，博物館の諸活動の企画実施にあたり，科学技術基本計画や生物多様性国家戦略等の国の政策目標に積極的に寄与していきたいと考えています。

例えば，2010（平成22）年の生物多様性条約第10回締約国会議（COP10）開催に合わせて，「かはく生物多様性シリーズ2010」として生物多様性に関する企画展等を集中展開して（図Ⅱ-1）人々の生物多様性に関する理解に努めるとともに，科博の生物多様性研究等について，COP10会場でイベン

図Ⅱ-1　生物多様性シリーズ2010ポスター

トを実施しました。

このように，科学技術の発展過程を解明する研究の推進，我が国の自然環境の変遷等に関する研究の推進，それらの基盤となる標本資料と科学的データの蓄積と継承を行うとともに，展示や学習支援活動を通した人々の科学リテラシーの涵養等を通して，社会に貢献し，国の政策目標に寄与しています。

（2）ナショナルセンターとしての機能を明確にする

科博は，国立の博物館として設立されています。ローカルではなく，ネーションワイド，すなわち我が国全体を視野に入れた活動を行っていく必要があります。例えば，調査・研究や資料の収集においては，日本全体を視野に入れて行っているところです。

そして，ナショナルミュージアムとして，さらに重要と考えていることは，我が国の主導的な博物館として，また自然史科学等のセンターとしての機能を果たして行くことです。

科博が国内の他の博物館に対して指導的役割を果たすことに関して，独立行政法人国立科学博物館法では，①資料の収集や展示，教育普及活動に関し「博物館その他これに類する施設の職員その他の関係者に対する研修を行うこと」，②「博物館その他これに類する施設の求めに応じて援助及び助言を行うこと」，③「自然史に関する科学及びその応用に関する調査及び研究の指導，連絡及び促進を行うこと」と定められています。

①については，中堅学芸員等を対象に高度な内容の研修を行う「学芸員専門研修アドバンストコース」の実施などを行っています。

②については，多様な取り組みがありますが，全国の科学系博物館を支援する大きなチャンネルの一つとして全国科学博物館協議会（全科協）があります。これは，1967（昭和42）年に，科博が中心となって，全国の科学系博物館が相互の連携を密にして，科学博物館の振興を図ることを目的として設立されたものです。2013（平成25）年現在の正会員

数は224館になりますが，科博が事務局となって，研究発表大会，巡回展など様々な活動を実施しています。また，機関誌「全科協ニュース」を発行し，情報交流を図っています（創刊号から現在の第43巻まで，WEBでも公開しています）。

　このほかにも，全国各地の博物館等と連携して，その地域の自然や文化等に関連した活動を行う「科博コラボ・ミュージアム」等を実施したり，各博物館での「教員のための博物館の日」を支援したりして，全国の科学系博物館の活動を支援しています。

　③については，自然史科学等に関する我が国のナショナルセンターとして，自然史等の調査・研究の促進を図るとともに，各地の自然史博物館等で行われている資料の保管や展示，教育普及活動といった活動に関し，研修や支援を行っています。また，研究員が，学会等の活動に貢献するほか，各地の博物館の資料評価委員を引き受けたり，共同研究を行ったりするなどの連携活動を行っています。

　持続可能な社会の実現や，科学技術の進展等の課題がある中，全国の科学系博物館等への期待はますます高まっており，そのためにも，各地の博物館の求めに応じた支援や協力，全科協など連携交流の仕組みなどの取り組みを一層強化し，我が国の博物館の振興に寄与することがますます大事になってきていると思います。

（3）利用者・ステークホルダーを知り，社会的責任を果たす

　国の政策目標への寄与，全国の博物館への支援は，科博の重要な使命であり，日ごろから国や博物館界の動向に注意し，対話と連携を深めることに努めています。

　そして，同じく，私たちが注意を払い，対話を深めていかなければならないのが，様々なステークホルダー（利害関係者）です。

　ステークホルダーとは，経営学等で使われてきた言葉で，企業や行政，NPO等の組織の行動に直接・間接的な利害関係を有する人や法人などのことです。ステークホルダーは組織との間で様々な利害関係を有し，

そのため，組織はステークホルダーに対し社会的責任を負っています。

さて，博物館という組織が接する方々は多岐にわたります。入館者や学習支援活動参加者などの利用者はもとより，小中高等学校，大学，博物館，研究機関，学会等の教育・研究セクターと様々な形で接しています。また，企業，非営利団体，ボランティア，地域の商店街や住民などから様々な形で支援・協力をいただいています。国や地方自治体とも多様な関わりがあります。また，標本資料を継承するという観点から，将来世代も博物館サービスの受益者と捉えることができるでしょう。

これらの方々について，単に各事業，各活動でつながり，また協力し合うということだけではなく，博物館のステークホルダーとして位置づけ，博物館運営につなげていくことが必要だと考えます。

博物館は社会的存在であると言われています。日本でも欧米諸国でも国や自治体が直接運営を支援し，あるいは補助金や税制等において博物館を優遇するなどの仕組みをとっています。これは，それぞれの社会において，博物館はそのような措置に値すると社会に見なされているからですが，だからこそ，社会の負託に博物館は応える必要があります。具体的には，博物館のステークホルダーの負託に応えるということです。

しかし，博物館は，多様なステークホルダーの負託をどこまで知っているのでしょうか。従来は，ややもすれば，博物館の展示を見学する入館者は大きな固まりとして，教育普及活動の実施の上で協力をいただくボランティアは個々の場面での協力者として，別々に捉えがちではなかったでしょうか。しかし，博物館が社会に根ざし，社会の負託に応えるためには，入館者や教育普及活動のボランティア等を博物館運営上のステークホルダーとして明確に位置づけ，その中で，それぞれの方々が博物館に何を期待し，また何を提供しようとしているのか，明らかにしていくことが不可欠です。

このように，今後はそれぞれの博物館がステークホルダーを知り，その期待に応えることを博物館運営の基盤に置き，博物館の存在意義を明確にしていくことがますます重要になってきます。

（4）ミッションを明確にする

　博物館の基本的な機能は，様々な博物館においてかなり共通しています。一般的には，調査・研究，資料の収集・保管，展示・教育普及活動等が基本的な機能であると考えられています。

　博物館の目的や使命といった場合，しばしば，これら一般的な博物館の機能を掲げて「〇〇博物館の使命」としている事例が見られます。しかし，それだけでは，個々の博物館が担うべき役割，取り巻く社会の負託に対応することは困難です。

　個々の博物館は，それぞれ異なった設立目的をもち，社会或いはステークホルダーと個別の関係性を有しています。博物館の基本的な機能をおさえつつも，博物館が，その設置された目的や，ステークホルダーからの期待に応えて，活動を充実させ，存在意義をさらに高めていくためには，それぞれの博物館が自ら，博物館活動の基盤となるミッション（使命）を明確化していくことが必要です。

　そのため，独立行政法人化を一つの契機として，科博も，他の機関や他の博物館とどう異なり，まさに科博がどのような使命を負うかをわかりやすい言葉で作成し，組織内で共有するとともに外部に発信することにしました。

　科博においては，我が国が科学技術創造立国や環境立国等を目指していること，我が国のナショナルミュージアムとして主導的な役割等を果たしていくこと，博物館活動を通して社会の負託に応えていくこと等，科博を取り巻く状況，科博に対する期待等を踏まえて，ミッションを明確化しています。すなわち「自然史科学等の中核的研究機関として，また国内の主導的な博物館として，自然科学と社会教育の振興を通じ，人々が，地球や生命，科学技術に対する認識を深め，人類と自然，科学技術の望ましい関係について考察することに貢献する」ことにより，社会の文化化，すなわち科学が広く社会に受け入れられ，科学を文化として味わう気風を醸成し，社会の文化的側面を推し進め，ひいては成熟した文化国家の形成に貢献することを科博のミッションとして定めました。

さらに，明確化したミッションは，中期目標への記載，博物館の広報資料への掲載，ホームページ，メールマガジン等により，職員が共有するとともに，広く対外的に発信しています。

このミッションが科博の存在意義であり，ステークホルダーが科博を利用したり支援することの積極的な動機づけになります。

(5) 社会に貢献し社会とともに発展する博物館を目指す

ミッションを定めると次に，科博が目指す姿を明確化しました。その基本的方向性は，博物館の特徴を生かし充実させることであり，また，その基本として社会に根ざし，社会とともに成長する博物館であることです。

このような考えから，次の四つを目指す姿として掲げることとしました。

① **日本及び周辺地域の自然史，科学技術史に関し，国際的に卓越した研究とコレクションを誇る博物館**

科博は，自然史及び科学技術史の中核的研究機関であり，我が国随一のコレクションを有するとともに，国内外において共同研究等を推進しているところです。これは科博の誇るべき長所であり，また，その充実によって，人々に提供できる価値を増大していくことができます。研究とコレクションに関する機能の一層の充実を図るため，科博では，館長裁量による研究支援経費の創設，筑波地区への研究機能の集約と新たな自然史標本棟の整備などを行ってきています。

② **発見・驚き・感動を通して人々の感性を引き出し，そこから生まれる一人一人の知的ニーズに応える博物館**

科博は，人々，特に子どもたちが科学の不思議さ，興味深さに出会い，感動や驚きを覚える出会いの場であり，またさらなる多様な学習に応える場でもあります。

学校と異なり，強制力をもたず，自由に学習することに博物館の特徴がありますが，それを生かすことも重要です。そのため，発見・驚き・感動を生み，次のアクションへつなげていくことが達成できるよ

うな博物館とするため，快適に滞在できる観覧環境を整備するとともに，豊富で魅力的な標本資料を感じることができる展示の開発，研究者の魅力に出会う学習支援活動等を開発実施しています。

③ 積極的に科学に関する情報や博物館に関する情報を発信する能動的な博物館

　一方，自由な学習の場であることから，博物館を利用しない方々もいます。これまで社会教育の現場では，しばしば「来る者は拒まず，去る者は追わず」などとの言いようもなされていたりしました。しかし，人々が生活し，また主体的に将来の生活を考えていくためには，科学リテラシーは重要な意義をもちます。持続可能な地球を実現するためには，人々が科学リテラシーをもって協働して課題にあたることも必要でしょう。科学に関する情報や博物館に関する情報を知り，役立てることで，一人一人の生活が豊かになるとともに，人類の豊かな未来の実現が期待できます。

　これに対応するため，ホームページでの科学技術情報の発信，自然と科学の情報誌『milsil』（ミルシル）の発行を行うとともに，戦略的な広報活動に取り組んでいます。また，企業や地域等の様々なセクターと連携し，活動を充実させるとともに，連携を通してそれまで博物館を利用しなかった方々へも情報発信を強めてきています。

④ 社会に根ざし，社会に支えられ，社会的要請に応える博物館

　これが「目指す姿」の基本に置かれる「姿」です。

　独立行政法人化によって，より自律的な経営が可能となったいま，科博は，社会とともに成長する博物館として，様々な人々と連携し，様々な人々の負託に応えていくことを，常に意識して運営し，活動していくことが必要です。

　常に社会とともにあり，社会とつながり，社会に発信することにより，社会に貢献するとともに科博も成長していくことができると考えています。

2−2．経営戦略を構築する

（1）ミッションをブレイクダウンし，戦略的に目標・計画を立案する

　ミッションを明確化し，目指す姿を明確化し，次に，それを具体的活動に反映させていくこととなります。

　そのために，まず中期計画を策定するとともに，その進捗状況に合わせ，各年度ごとに年度計画を策定しています。

　そもそも，独立行政法人制度においては，主務大臣は，達成すべき業務運営の目標として，3〜5年の期間で中期目標を定め，独立行政法人に指示します。そして，独立行政法人は，中期目標に基づき中期計画を作成し，主務大臣の認可を受けるとともに，毎事業年度ごとに業務運営に関する年度計画を定めることとされています。

　この独立行政法人制度の仕組みを活用して，科博でも，中期目標のもと，中期計画と年度計画を策定しています。

　中期目標，中期計画を策定するために，まず，各部門で業務の実施状況を点検する作業から行います。その中で，業務の継続や改善についての検討を行い，また新たな業務の可能性についても検討を行い，中期目標や業務計画の素案を作成していきます。

　2006（平成18）年度からの第二期中期目標期間において，事業全体を大きく三つに構造化しました。一つ目は調査・研究事業，二つ目は標本資料収集・保管事業，三つ目は展示・学習支援事業です。

　2011（平成23）年度からの第三期中期目標期間においては，調査・研究事業について，基盤研究，総合研究の推進を中心に据えるとともに，研究活動の積極的な情報発信，人材育成等の項目を設けて，中期計画を策定しました。

　標本資料収集・保管事業においては，館における標本資料の収集・保管（データベース等含む）とともに，ナショナルセンターとしての全国的な標本資料情報の集約・発信についても具体的計画を策定しました。

　展示・学習支援事業においては，展示事業，学習支援事業とともに，特に社会の様々なセクターをつなぐ連携事業・広報事業についても項目

を設定しました。

　実際に中期計画を策定する際には，館内で幾度も検討を重ねるとともに，経営委員会や評議員会等において，外部の有識者の方々からもご意見をいただき，作り上げていきます。

　検討においては，限られた人的資源や財政資源等の中，科博のミッションや果たすべき役割を鑑み，新たな業務等について優先順位を付けることも必要となります。2012（平成24）年度の年度計画にあたっては，新たに震災復興コラボミュージアムの実施（図Ⅱ－2）を盛り込むこととしました。

　策定した計画については，館内で共有するとともに，文部科学省への届出や，ホームページでの公開を行い，計画に基づいて事業を実施していきます。

恐竜アロサウルスを中心としたコラボミュージアムの様子

図Ⅱ－2　震災復興コラボミュージアム

（2）PDCAサイクルを確立して業務改善に反映させる

　目標・計画を立案し，それに基づき業務を実施していきますが，業務の質の向上を図るためには，実施状況や成果を把握し，業務改善に反映させていくことが大事となります。いわゆるPDCA（Plan 計画－Do 実践－Check 評価－Action 改善）サイクルの確立です。科博では，中期計画に基づき年度計画を策定し，年度計画に基づき事務事業を実施し，自己評価し，さらに評価委員会による第三者評価が行われ，次年度以降の業務・事業の改善に資しています。

　改善に向けた評価には幾つかの手法があります。一つは内部での点検評価によるものです。業務の実施状況や成果，課題について，各業務担当が報告書を作成します。それを元に館内で点検評価を行い，業務の改善等につなげていきます。定期的に行っている事務連絡会等で成果や課題を報告し，改善を図っていくなど日常的にも行っていますし，毎年度終了時に，一年間の成果等を取りまとめて行う年度単位での点検評価もあります。

　二つ目は，科博が委嘱した外部評価委員による研究評価の活用です。研究計画，進捗状況の把握，成果の各段階で評価を行う外部評価を実施し，研究計画の修正や資源配分等の意思決定に活用しています。

　三つ目は，文部科学省独立行政法人評価委員会による業務実績評価の活用です。評価委員会の委員は，文部科学大臣が委嘱した方々で，自然科学等の研究者，社会教育・学校教育，博物館等に関する有識者等で構成されています。

　毎年度行われる年度評価を例に挙げますと，評価の作業に先立ち，科博から前年度の業務実績報告を提出するとともに，業務実績及び業務運営の効率化等の状況についての自己点検の結果を説明します。独立行政法人評価委員会では，これらの資料及び科博からのヒアリングをもとに中期計画に対する達成状況等を評価し，中期計画の主要な項目ごとにS，A，B，C等による評定を行うとともに，分析・評価を記載します。また，評価結果を踏まえた改善方策についても提案が行われます。

博物館評価の際に，入館者数がよく取り上げられます。科博の業務実績評価においても，中期計画において入館者数の目標を掲げていることから，評価項目の一つになっています。この入館者数というのは，確かに博物館にとって着目すべき重要な指標の一つです。しかし，入館者数だけで博物館活動が評価できるわけではありません。評価においては，研究活動での実績，コレクションの実績，学習支援活動の工夫と効果から経費縮減の状況等，博物館活動の全体にわたって説明し，独立行政法人評価委員会でもそれら総合的な観点で評価を行っています。多岐にわたる活動の状況を把握する評価委員の苦労は大変なものです。

　幸い，当館の業務実績評価は，全体としては良好と評価をいただいていますが，的確な指摘等もいただいています。これらの指摘を踏まえ，事業運営に反映し，社会の負託に応える博物館活動の充実を図っているところです。

　なお，博物館活動は，税金，入館料，様々な寄付や支援等で成り立っています。そのため，直接・間接に支援をいただいているすべての方に業務実績報告と評価結果を見ていただき，活動の透明性を図ることが必要です。科博では，独立行政法人評価委員会に提出した業務実績報告については，提出後速やかに科博のホームページに掲出しています。また評価結果については，評価確定後，文部科学省のホームページに掲出されますので，館のホームページからもリンクし，すぐに確認できるようにしています。

（3）民間の発想や手法を運営に取り入れていく仕組みを整備する

　「独立」した組織として，業務運営の裁量が大きく与えられた独立行政法人となったわけですが，その仕組みを生かすためには，運営に民間の発想や手法も取り入れていくことが効果的です。

　そのため，科博では，2005（平成17）年度から，外部の経営委員と，館長，理事で構成し，監事がオブザーバーとして参加する経営委員会を定期的に開催しています。経営委員は，企業経営の経験者等，外部有識

者5名の方にお願いをしています。

　中期計画の策定から，来館者サービス等のサービス提供の在り方，広報等様々なステークホルダーとの関係構築の在り方などについて，財務や経営，マーケティング等経営委員の方々のご意見やお考えをいただき，運営に反映させているところです。

　研究やコレクション構築等長期的な視点で業務運営をしつつも，経済状況や市民生活の変化に対応した柔軟な業務運営を通して成果を上げていくために，経営委員会は今後も大きな役割を果たすと考えています。

（4）来館者を知る，来館者の満足度を知る

　一方，展示や来館者サービス等の充実においては，実際に博物館を利用していただく方々のご意見を伺い，参考としていくことも重要です。

　館内では，職員とともに，ボランティア，総合案内業務等を担当する委託業者のスタッフが来館者と様々な場面で接しており，ご意見をお伺いする機会があります。展示や諸サービスに関する苦言やご意見などは，お客様サービス担当等で集約し，対応を図っています。

　さらに，どのようなお客様がどのような目的で来館しているのか，展示や諸サービスにどのくらい満足しているかを調べるために，定期的に調査票方式で来館者満足度調査を実施しています。

　来館者の属性の面では，平日には学校団体がどのくらいの割合で訪れるのか，個人のお客様がどのくらいの割合で訪れるのか。また，休日には，どのようなお客様がどのような目的で訪れるのかなど，お客様の大つかみを定量的に把握することができます。

　また，例えば年齢層ごとの満足度等を把握することができます。

　これらの結果を分析し，展示やサービスを検討する上での基礎データとするほか，例えば全体満足度と相関関係が強い項目について優先的に改善を図るなどの取り組みを行っています。

（5）人々の理解・協力・支援を得て博物館活動を充実させる

知識や労力を提供するボランティアや，資金や資料を提供する寄付・寄贈は，日本のみならず世界中において，博物館にとっては非常に重要な支援・協力です。博物館がその役割と活動の状況を公開し，いかに博物館が社会に好影響を与えているかについての理解を継続的に呼びかけることで，ボランティアや寄付・寄贈をいただくことが可能となります。科博では，外部評価や経営委員会，満足度調査等により外部の声を取り入れた運営に努めていますが，あわせて，ボランティアや寄付・寄贈といった形での外部との連携協力の強化も重要と考えています。

① **ボランティア**

　科博は，1986（昭和61）年にボランティア制度を導入しており，博物館ボランティアに関しては先駆者の一人であると考えています。「教育ボランティア」という名称で，参加体験型展示におけるインストラクターの活動や，様々な教育普及活動の指導補助，見学相談業務等，様々な活動に従事してきています。また，2002（平成14）年からは筑波実験植物園で「植物園ボランティア」の活動も開始しています。

　子どもたちをはじめ，来館者に対する博物館の教育機能を高めることをボランティアが担っています。ボランティア自身の学習を促進するとともに，その学習の成果を生かして，人々の自然科学への興味・関心を喚起するかたちで社会参画を図っています。

　このように，科博が国の一機関であるころから，博物館の教育機能の高度化のために，ボランティア活動の充実に努めてきました。

　そして，独立行政法人化後，限られた資源の中，科博がその役割を果たし，人々の当館への期待に応えるに際し，ボランティアはさらに重要性を増しています。ボランティアの方々が，知識や経験を生かして博物館の活動に積極的に参加していただくことで，来館者とボランティア，ひいては当館とのコミュニケーションがますます充実し，当館の活動も充実しています。

　博物館の活動を構成する一つの重要な人的資源としても捉えられますが，だからこそ，どのように活動することで，ボランティアが知識

図Ⅱ−3　活発なボランティア活動

や経験を生かし、また社会参加の喜びを得ることができるのか、博物館とボランティアが対話し、お互いに理解しながら、制度の改善を継続的に図っていくことが重要です。

② **寄付・寄贈**

　寄贈については、同じく独立行政法人化前から、良い資料があれば積極的に受け入れていました。もちろん、収蔵庫の容積は限られており、すべての申し込みを受け入れられるわけではありませんし、収蔵に値しないと判断する場合もあります。しかし、博物館にとって、寄贈はコレクション構築の一つの重要な手段です。

　そのため、今後さらに、博物館が寄贈を受け入れていることのアピールを強めていくことが必要でしょう。もちろん、収蔵した資料の保存に努め、将来に継承していくことについて人々の厚い信頼を得なければ、寄贈いただくことは望むことができません。

一方,寄付については,制度上,国の一機関であるころは,受け入れることはできませんでした。
　しかし,独立行政法人化後は,法人の収入の一つとして積極的に寄付の獲得に努めるようになりました。貴重かつ大量の哺乳類剥製標本の寄贈(図Ⅱ-4)をいただいた米国・ハワイ州のヨシモト財団から研究のための寄付をいただくことができましたし,その他,調査・研究等の充実を目的とした寄付を幾つかいただいています。
　さらに,2004(平成16)年からは,寄付の一つの仕組みとして,賛助会員制度を開設しました。2006(平成18)年からは館内に募金箱を設置し,シアター36〇(サンロクマル)コンテンツ開発や企画展の実施を目的とした寄付の拡大を図っています。
　引き続き,科博の活動の意義と現状を明らかにし,寄付の拡大に努めていきますが,税制上の課題もあります。国立大学の教育研究への寄付に比べ,独立行政法人への寄付は損金算入限度額の設定など,法

図Ⅱ-4　ヨシモトコレクション

人税法の優遇措置が劣っているのです。より寄付が受けやすくなる制度へ改善いただきたいと願っています。

２－３．経営資源を多様化する
（１）運営費交付金に加え自己収入の獲得，外部の資源の活用を図る

　独立行政法人は，その運営において独立採算制を前提としておらず，国が所要の財源措置を講ずることとなっている独立行政法人が多数を占めます。当館も，業務運営の財源に充てるために必要な経費が運営費交付金として国から毎年度交付されます。

　運営費交付金は，政府の予算に計上され，国会の議決を経ますが，使途の内容が特定されません。いわば「渡し切りの交付金」であり，法人の機動的，弾力的な財務運営を期待し，その運営上の判断で使用することができるのです。

　他方，法人には効果的，効率的な業務運営のための経営努力が強く求められます。運営費交付金は，「運営費交付金算定ルール」に基づき，効率化係数を乗じてその額を減じるとともに，法人の自己収入の増加を予定してその額を調整するなど，毎年度減額する扱いになっています。私たちは，独立行政法人制度が行政改革の一環として導入されたものであり，このような運営費交付金の減額は基本的にはやむを得ないものと考えています。このことを踏まえつつより質の高いサービスを提供するため，組織，人員，事業の見直し等による経費の節減，合理化を図る一方，来館者の皆様からいただく入場料収入や講堂，展示場，レストラン，ショップ等の施設を貸与した際の財産賃貸収入等の自己収入の確保，また，寄付金収入や科学研究費補助金間接経費等の外部資金の拡充に努めています。さらに，事業を共同で主催する企業，大学等を広く求めることとして，積極的な働きかけを行っています。事業の共催は，経費面だけでなく，内容の豊富化，深化にも資するからです。

　自己収入及び外部資金による収入は，2012（平成24）年度決算ベースで，881百万円であり，総収入額3,840百万円（施設整備費補助金を

除く）に占める割合は23％です。入館者収入が自己収入等のうち大きな割合を占めますが，展示面積は限られており，また，入館者の35％程度が入館料無料の子どもであるという状況から見て，入館者収入の増大にはおのずから限界があります。そのため，今後とも機動的・弾力的な運営を行うことにより，サービスの質を維持，向上しつつ，財源の多様化による収入増，経費節減等さらなる工夫と経営努力を最大限に行っていくこととしています。

（2）民間競争入札：民間事業者と協力したサービスの向上

　2006（平成18）年に施行された「競争の導入による公共サービスの改革に関する法律」（公共サービス改革法）は，もともと，国の行政機関等や地方自治体が自ら行っている公共サービスについて，民間が担うことができるものは民間に委ねるという観点から見直しを行い，「市場化テスト」というかたちで公共サービスの質の維持向上と経費の削減を図る改革を行うことを目的としたものです。

　法律の導入当時，すでに，地方自治法においては指定管理者制度が始まり，博物館の管理運営への導入が幾つか行われていました。同時に，博物館への指定管理者制度の導入については，業務の連続性や専門的な職員の養成に与える弊害も指摘が挙がっている状況でした。

　「市場化テスト」についても，2005（平成17）年度当時の国の規制改革・民間開放推進会議での検討段階では，指定管理者制度と類似した形で国立博物館等の業務を市場化テストの対象とすることについて議論が行われました。それに対して，国立博物館等に導入することは，経済効率追求へ偏重し，長期的な取り組みの軽視につながるなどの危惧から，2005（平成17）年11月には「効率性追求による文化芸術の衰退を危惧する」との有識者によるメッセージが行われるなど，批判の声があがるという一幕もありました。

　このような経緯を経て，公共サービス改革法は成立しました。

　さて，科博としては，調査・研究やコレクション構築，展示や学習支

援等の主要業務については、やはり、市場化テストの導入はなじまないと考えています。

　一方、空調設備や電気設備の管理、通路等の清掃などは以前から民間委託を行っていました。これらの業務については、2010（平成22）年度から、上野本館の防災設備等保守管理業務、清掃業務、警備業務、総合案内・展示施設案内等業務について、公共サービス改革法に基づく「民間競争入札」の仕組みの活用を始めました。確保されるべき業務の質を設定するとともに、業者から工夫等を提案いただくかたちで入札を行い、総合評価を行って落札者を決定しました。

　民間競争入札を導入した成果として、施設管理や清掃業務、警備業務等を担当する業者が共同企業体を構成したことで業者間の情報交換が促進されたこと、構成する業者と科博職員が定期的に意見交換を行う機会を設けたことなどにより協力体制を強化し、日常の清掃、案内等のサービスの質の維持向上が図れたとともに、光熱水費削減に関する工夫の提案実施などの点でも効率化を図ることができました。一方、落札金額としては必ずしも価格がおさえられなかったという面もありました。

　民間競争入札を実施するにあたっては事務コストも増加するため、精査していくことが必要ですが、今後も、活用できる仕組みは活用し、多くの方々の創意工夫と協力を得て効果的・効率的な業務運営に努めたいと思います。

（3）施設貸与は博物館の魅力を知ってもらうための機会

　自己収入拡大の方策の一つとして、2005（平成17）年度からは講堂や展示室などの施設の貸出に積極的に取り組んでいます。

　講堂や会議室などは開館時間中であっても、主催事業等に支障がなければ、イベントや講演会等に貸し出すことが可能です。一方、展示室や通路、回廊、中央ホール等は、さすがに開館時間中に貸し出すことはできないので、閉館後または休館日に貸し出すこととなります。

　展示室等は、もともと博物館の展示目的で作られた施設設備になって

いますし，細かくスペースを切って展示ケースが設置されています。そのため，展示室の目的外使用についてはいろいろと制約が課される側面もありますが，一方，大自然の驚異や人類の科学技術上の偉大な発明を物語る様々な展示資料が魅力的な空間を創造しています。

貸出に積極的に取り組み始めて以来，学会のパーティー，企業の新製品プレスリリース発表会，顧客を招いたイベント，ドラマやCMの撮影など，いろいろな申し込みをいただくことができています。

閉館後等の貸出が多くなるほどに，担当職員の負担が大きくなってしまうという課題もありますが，施設の貸出は，自己収入の拡大だけでなく，科博が提供する空間の魅力をより多くの方々に知っていただくための機会ともなっています。問題点の解決を図りつつ，引き続き取り組みを進めていくことが大事と感じています。

(4) 賛助会員制度によって個人や企業からの寄付の拡大に努める

寄付に関わる取り組みの一環として，2004（平成16）年度からは賛助会員制度を導入しました。科博の様々な活動に対し，幅広い支援と支持をいただくために設けた制度です。

会費は，個人会員については年間一口1万円から，企業等を対象とした団体会員は一口10万円からとし，いただいた会費は，震災復興コラボミュージアムなど地域博物館と連携したイベント等に用いています。会費については，寄付控除等の税制上の優遇措置が受けられますし，また，常設展の無料入館，特別展招待券の進呈等の特典を設けています。一定額以上の会費を支払われた会員の方については，ご希望に応じて館内へのネームプレートの掲出や，ホームページへのバナー表示を行っています。

会費をどのように活用したのかということを説明することも大事なことです。そのため，定期的に賛助会員の集いを実施しています。その際には，当館の活動，特に賛助会費を活用した活動について報告していますが，あわせて科博を支援していただく方々との貴重な交流の機会とも

なっています。

　アメリカの博物館では概して寄付への取り組みが強く，賛助会員制度に類する制度をもっている博物館も数多くあります。それらの博物館と比較してみると，当館の規模，入館者数に対して，賛助会員数はまだまだ少ない状況にあります。寄付文化の違いとよく言われますが，科博も含め，博物館が日本社会の中で果たしている役割・活動に対し，人々の理解を求め，支援を求めていく努力がさらに求められています。

　なお，企業等が独立行政法人に寄付を行った際の法人税法上の扱いは，損金算入限度額が設定されているなど，大学への寄付に比べ，寄付しづらい状況になっていますので，引き続き，大学並みの寄付優遇税制の導入をお願いしていきたいと思います。

（5）魅力あるショップ・レストラン・カフェのサービスを提供する

　ミュージアムショップは，展示に関連する資料，書籍，様々なグッズなどの頒布を通して，来館者が博物館での学習や体験，感動を持ち帰るために欠かせない施設です。

　レストランやカフェも，一定以上の規模があって見学に時間がかかる館では，博物館体験を楽しいものに，そして豊かなものにする施設です。これらのミュージアムショップやレストランは，科博が直接運営しているわけではありません。もちろん，科博だけでなく，一般的に公立博物館では，直営によるショップやレストランの運営は難しいでしょうし，私立博物館でもショップを運営することはあっても，レストランを直営で運営している館はほとんどないと思います。

　科博では，ショップやレストランは，従来は業者からの建物使用申請に対し，許可を与える形でスペースを貸し付け，業者が運営をしていました。そのうえで，ショップの扱う商品については，その科学的正確性や展示との関連などの点から，業者との間で意見交換を行うかたちで，科博が関与してきました。

　しかし，より魅力あるショップ，レストラン，カフェをつくるため，

新たに 2011（平成 23）年度からは，業者から創意工夫を生かした提案を公募し，評価を行う企画競争（プロポーザル）を導入することとしました。

　公募に先立ち，ショップ・レストラン・ラウンジ運営の基本条件として，①満足，感動してもらうためのサービスの向上を図ること（観賞環境の改善），②ナショナルミュージアムとしての科博のブランドイメージの向上に貢献すること（魅力ある科博）など，それぞれショップ，レストラン，カフェについて，運営にあたってのコンセプトを科博から提示しました。そして，このコンセプトを踏まえて，業者から提案が行われ，実現化され，これまで以上にサービスの向上を図ることができたと思います。

　例えばショップでは，店内の区画配置にストーリー性をもたせてわかりやすくしたとともに，グッズなどを通して科学に親しむプログラムが定期的に催される「サイエンス・ナビ・コーナー」が新たに設けられました。レストランでは，地層をイメージした壁面グラフィックなどレストランと展示の融合をイメージした内装とするとともに，展示に関連したメニューを開発しました。カフェでも展示に関連したクッキーを開発販売しています。ショップ，レストラン，カフェのすべてにおいて，博物館の展示とともに科学に触れ，科学に親しむ体験を提供することができました。

　あわせて，ショップやレストラン等施設の貸出料についても，これまで以上に確保することができ，博物館の自己収入の拡大につながっています。

2－4．経営システム ── 人員や財源等の資源配分を戦略的に行う

　国からの運営費交付金が長期にわたり漸減されていく中，科博では，経費の縮減，自己収入の拡大等財源の多様化，寄付・寄贈やボランティア等の協力・支援など，経営資源の確保に努めています。

　これらの資源を効果的・効率的に活用していくために，独立行政法人

の仕組みを活用した経営システムの改善も欠かせませんでした。

　本章1－1において独立行政法人制度の概要について紹介しましたが，独立行政法人は自らの判断による効果的な組織編成と人員配置が可能であるとともに，財政的には国からの運営費交付金は使途を特定しない「渡し切りの交付金」として弾力的・効果的に使用することができます。幾つかの工夫を紹介します。

① 組織編成

　科博の機能強化を図るため，効果的な組織の在り方について館内で検討し，幾つかの改善を図っています。代表的なものとして，自然史科学等のナショナルセンターとして，コレクション構築機能の強化を図るため，館内横断的に「標本資料センター」を設置するとともに，コレクションディレクターを配置したことが挙げられます。また，お客様サービス担当の係の設置や，広報機能を強化するための広報担当の課を設置するなどによりサービスの強化を図っています。

② 経営委員会の設置

　運営に民間の発想や手法を取り入れるため，2005（平成17）年度に組織規程を改正し，経営委員会を設置しました。企業経営の経験者等の方々を経営委員としてお願いし，経営に関する事項について委員の方々のご意見や考え方をお伺いし，運営に生かしています。

③ 館長支援経費

　独立行政法人制度では予算の弾力化が図られているところですが，それを活用して，萌芽的研究等を支援するため，館長裁量による支援経費を設置しました。

　自律的な組織運営が確保されている独立行政法人制度のメリットを活用し，引き続き，コンプライアンスを遵守するとともに，前例踏襲にしばられることなく，効果的・効率的な経営システムの実現に向けて，不断に検討を進めていくことが必要だと思います。

2－5．組織文化を改革する

(1) 社会に根ざし，社会に貢献する博物館としての組織文化の醸成

　科博は，2001（平成13）年に独立行政法人化したことで，国から独立した一つの法人となりました。それでは，独立行政法人化の以前と以後で，科博と社会の関係性がどのように変わったでしょうか。

　独立行政法人化前は，国が行う事業の一部として社会に接していました。もちろん，人々に開かれた博物館として老若男女様々な方が利用する機関ではありました。しかし，独立行政法人化後は，国から独立したことで，法人自ら社会にその使命を発信し，理解を求めることが必要になりました。経営的な観点から見ると，財政資源的には国が大きなスポンサーであることに変わりはありませんが，博物館の拠って立つところが，社会の方向にシフトしました。それにあわせて，科博も，科博の職員の意識も変わることが必要です。

　そのため，独立行政法人化後，科博では「私たちの目指す姿」の一つとして「社会に根ざし，社会に支えられ，社会的要請に応える博物館」というメッセージを掲げました。組織文化はなかなか急に変わるものではありませんが，独立行政法人制度導入を機会に，おそらく職員が日常業務でより強く感じていくであろう人々の博物館への期待について，その対応の道筋を明文化したものです。

　そして「目指す姿」を，科博のミッション「人々が，地球や生命，科学技術に対する認識を深め，人類と自然，科学技術の望ましい関係について考えていくことに貢献する」の明文化とともに，職員全員が共有するようにしました。

　このような組織マネジメントの取り組みを通して，研究職員や事務職員それぞれが，それぞれ個々の業務の実施において，社会からの期待を感じ，社会の様々なセクターと協力連携し，博物館のサービスを高めていく。その意識が一人一人の中で大きくなり，そのような組織文化が醸成してきたことが，例えば入館者数の拡大につながってきているのでしょう。

　このような取り組みを継続して進めることにより，科博に対する人々

の理解，そして人々の支援も，拡大していく基盤ができると思います。

（2）3Cの意識を職員が共有することにより企画力を高める

　独立行政法人は国の政策の実施機関とされています。法令上，主務大臣から与えられた中期目標に従って業務を実施するものです。

　しかし，ただ決まった事業のみを実施するわけではありません。公共性の高い事務事業について，より質の高いサービスの提供を図るため，独立行政法人には自律的に効果的・効率的な業務運営を行う仕組みが組み込まれています。

　すなわち，科博においても，まさに「独立」して，創意工夫を生かし自由度を高めて業務運営を行うことで，社会の期待に応えることが求められています。

　そのためには，前例踏襲を脱却し，事務事業の改善や新たな取り組みに向けて企画力の向上を図ることが重要であることから，科博では，Change, Challenge, Collaborate の 3C の意識を職員が共有するようにしています。

　Change は，創造的に活動する，新しい博物館を目指す果敢な変革。Challenge は社会の要請に応える，先を見据えた新たな課題への挑戦。Collaborate は新たな価値を創造する，枠にとらわれない諸セクターとの連携協働です。

　定型的な事業を執行するのではなく，博物館がどのような社会的役割をもち，社会にどのように貢献できるのか，どのように連携できるのかを一人一人の職員が意識してこそ，社会に対してより質の高いサービスの提供が可能となります。

2-6．今後の課題

（1）ステークホルダーを知り，科博のプレゼンスを高める

　社会に根ざし，社会に支えられ，社会の要請に応える博物館を目指し，独立行政法人化後の運営や事業に工夫を加えてきました。

従来と比較し，職員の意識も変わり，事業も様々な人にとって魅力あるものとなってきたと感じています。しかし，私たちはまだ博物館のステークホルダーについて，やはり知らなさすぎるのではないかと思います。
　例えば，博物館への来館者が，どのような目的とどのような期待をもって来館しているのか，その目的と期待に対して何を博物館が提供できたのか，またその目的と期待を上回る何かを博物館が提供できたのかをどれだけ知っているでしょうか。
　また，博物館に来てない方は，博物館についてどのようなイメージをもっているのでしょうか。地域の商店街の方は，博物館という存在をどのように感じ，また何を博物館に期待しているのでしょうか。学校の先生は……，ボランティアは……，資料を寄贈していただいた方は……。
　このように，様々なステークホルダーは様々な期待を博物館にもっています。そして，私たち科博が根ざすべき社会とは，顔を持たない社会ではありません。社会とは，個々のステークホルダーを通じて広くつながっている存在なのです。
　博物館の限られた資源の中，個々のステークホルダーの期待にすべて対応することはできないというのは一見正しそうですが，限られた資源だからこそ，ステークホルダーの期待を知り，限られた資源の中で応える方策を常に検討しなければなりません。そして，それは単なるニーズ調査であってはなりません。ステークホルダーの欲求を把握するのではなく，ステークホルダーが期待する博物館はかくあれかしという姿を把握し，ニーズを超える驚きと価値を提供することを目指していく，それが理想です。
　アンケート調査等で，いくらかは把握しているとは思っていますがまだ不十分ですし，さらに調査手法等を開発していく必要があると感じています。

（2）様々なセクターと連携し，事業のさらなる充実を図る
　Ⅲ章で詳しく触れますが，調査・研究や資料の収集においても，特別

展や学習支援活動等の実施においても，科博は様々なセクターと連携して事業を進めてきています。特別展の共催者がいなければ特別展の開催は困難ですし，賛助会員による寄付がなければ科博コラボ・ミュージアムは実施できないでしょう。そもそもボランティアの協力がなければ，来館者サービスを今と同じレベルで保つことは不可能です。

　もちろん，我が国のナショナルミュージアムとして，国からの支援については今後も欠かすことはできません。しかし，国からの運営費交付金に代替するという意味ではなく，さらに科博が社会に貢献していくためには，多様なセクターとの連携，支援を得て，事業の充実を図っていくことがますます必要になってきています。

　また，例えば来館者は，一定の期待をもって博物館を利用していますが，博物館への理解を深めたときには，寄付・寄贈やボランティアという形で博物館の支援者となる可能性があります。また，サイエンスコミュニケーションの場として科博を考えた場合，来館者は単なるお客様ではなく，コミュニケーションを推進する主体として，博物館活動に参加し，博物館活動を構成する支援者となるとも言えるでしょう。

　前項で記述した通り，博物館が根ざすべき社会とは，顔を持たない社会ではありません。社会とは，個々の博物館によって異なるそれぞれのステークホルダーを通じて広くつながっている存在なのです。

　独立行政法人化により，国からの支援は減少しつつあるのが実際ですが，運営の自由度は高まり，個々の職員に至るまで，博物館を取り巻く社会に注意を向けるようになりました。国の機関として行政サービスを提供するというのではなく，社会に根ざす博物館として社会に対し博物館がどのような貢献ができるのか，様々な理解者・支援者とともにどのような貢献ができるのかということに，職員も考え方がシフトしてきています。

　今後も，社会に貢献する博物館として，さらに様々な方々の理解と支援をいただき，外部の資源と協働してサービスの充実に努めて参りたいと思います。

III章
新たな活動を展開する

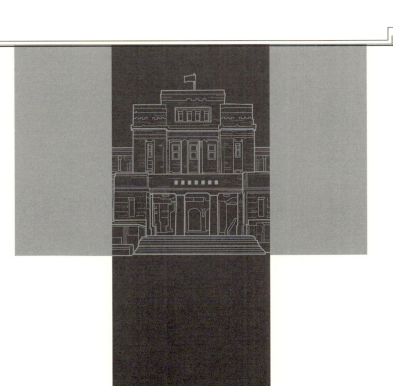

1．魅力ある展示活動の展開

　科博の年間入館者数は，2013（平成25）年度に科博の歴史上初めて200万人を超えました。そして2014（平成26）年度は最高入館者数を更新し上野本館だけで約217万人に上りました。この入館者数は10年前の2002（平成14）年度の入館者数と比べると，およそ2.5倍になっています。

　こうして科博に足を運んでいただける方々が急増したそもそもの理由は，全面的な常設展示リニューアルによって魅力的な展示に生まれ変わったこと，また，展示場が整備されタイムリーな企画展示を途切れることなく意欲的に企画実施してきたことによると思われます。

　科博の特徴として，常設展示のみの入館者数がおよそ半数（2014年度で約50％）を占めていることがあります。昨今，同様な施設の入館者数が特別展頼みになっている状況が見られる中で，科博の強みとなっているところです。科博で毎年実施している来館者調査の結果を見ても，来館の目的として常設展示と回答した人と企画展示（特別展＋企画展）と回答した人の割合はほぼ拮抗しています。

　また，リピーターの増加も入館者数増に大きく貢献しています。入館者調査では1年に何回も来館するというリピーターが約1/3を占め，また来たいと回答した人が95％に上っています。その理由（複数回答可）は，「企画展示が見たい」が58％，「常設展示が見たい」が46％です。

いつ来ても新しい発見がある展示を目指した工夫が，成果を結びつつあることを感じます。

ここでは，博物館にとっての展示の在り方を考えながら，科博の現在の常設展示に至るまでの展示整備の道のりと，各種の企画展示を実施していくプロセスを紹介します。

1－1．「展示」にはいろいろあるけれど

まず，展示について一般論的なことから考えてみましょう。日本展示学会の主旨を引用すると，展示とは「大衆的情報伝達方法の一種であり，いわゆるマス・メディアの一つである。」「各種のメディアを内部にふくむ総合的なメディアであり，しかも，その結果，コミュニケーション手段としてさまざまな特異性をそなえているものといわなければならない。」（日本展示学会主旨 名誉会長 梅棹忠夫）と述べられています。

展示とは，博物館だけが行うものではなく，企業，役所，各種の団体などが多種多様な目的のもとで，総合展示場，公共施設などあらゆるところで行っています。ゲームショーやモーターショーなどでは，どれだけ多くの取引先やマスコミ関係者に関心をもってもらい，自社の製品を取り扱ってもらえるかに関心が注がれるでしょうし，鉱物や化石，宝石等を展示，販売するミネラルショーでは，来場者にその場で購入してもらうことが最優先の目的になります。展示の手法は，展示の目的によって全く異なってくるでしょうし，どれが良い悪いという問題ではなく，その目的に応じた効果的な展示手法が取られているかということが判断の基準になると思います。それでは，博物館にとっての展示というのはどうあるべきなのかということを考えると，博物館の設置目的にさかのぼる必要があります。

1－2．展示は研究成果の還元～科博の展示のバックグラウンドにあるもの

「博物館」の目的とは，博物館法によると，「歴史，芸術，民俗，産業，

自然科学等に関する資料を収集し，保管（育成を含む。以下同じ。）し，展示して教育的配慮の下に一般公衆の利用に供し，その教養，調査研究，レクリエーション等に資するために必要な事業を行い，あわせてこれらの資料に関する調査研究をすること」となっています。これから考えてみると，博物館の展示が他の○○ショーの展示などと異なる点は「教育的配慮」というところがキーワードとなりそうです。

　さて，博物館といっても，博物館と名のつくものだけではなく，科学館，美術館，動物園，水族館なども博物館の概念に含まれます。科博が属する科学系の博物館を見ても，自然史系，理工系，体験型展示を中心とする科学館など様々です。それぞれの施設に，さらに掘り下げた設置目的があり，それを実現させる手法は様々であり，それによって，その博物館がどのような展示を目指すのかは異なってきます。

　それでは，科博はどのような展示を目指してきたのでしょうか？　科博の設置目的は，「自然史に関する科学その他の自然科学及びその応用に関する調査及び研究並びにこれらに関する資料の収集，保管（育成を含む。第12条第三号において同じ。）及び公衆への供覧等を行うことにより，自然科学及び社会教育の振興を図ることを目的とする。」（独立行政法人国立科学博物館法第3条）となっています。この目的を果たすために，科博は日々の事業を行っているわけですが，まず，「調査・研究」「資料の収集・保管」という目的を果たすために，科博は5つの研究部と植物園，標本資料センターなどを擁し，日々，自然史や科学技術史の分野について地道に資料の収集や調査・研究を行い，その成果を蓄積しています。一般に公的な資金によって行われる研究活動の成果は，論文，書籍，講演など様々な形で社会へ公開・還元されるものですが，ここでは成果の「公衆への供覧」が求められています。その手段の一つが，博物館法に定める「展示して教育的配慮の下に一般公衆の利用に供し」です。研究成果の社会への還元として「展示」は有効な手段の一つではありますが，一般の研究機関ではスペース，設備，ノウハウといった面から展示という手法は取り難いのが現実です。展示は，博物館ならではの研究

成果の社会への還元の形態であり，科博の展示もその研究成果をバックボーンとし，展示資料を通して人々の自然科学に対する興味・関心を引き起こすことを目指しています。

1－3．博物館の展示に求められるもの

　さて，それでは博物館の展示には，どのようなものが求められているのかを考えてみましょう。科博をはじめとして多くの博物館は公的な資金で設立され，運営されています。博物館が今後も存続し，博物館活動がさらに拡大，活発化していくためには，人々が博物館に親しみ，その活動を理解し，その存在価値を認め，支持してくれることが必要です。そのためには，博物館が人々に必要とされる活動を積極的に展開し，能動的に働きかけることが必要です。その展示により博物館が伝えたいことは何なのか？ 展示資料に関する科学的な知見を伝えるのはもちろんですが，その展示資料によって博物館はどのようなメッセージを伝えようと意図しているのか，見学者に汲み取ってもらうことが大切です。

　一つ一つの展示資料には，例えば，採集場所，採集時期，生息地，生産時期など様々な客観的データがあり，当然，展示する際にこれらのデータはパネルや情報端末の中で示されます。しかし，これらの展示資料をどのように配置し，演出するかは，展示を担当する研究者等の意図に基づいて行われ，それによって資料は客観的データに加えて新たなメッセージを発信し始めます。展示の仕方に工夫を加え，どのようなメッセージを発信させるか，まさにここが展示作りにおける腕の見せ所です。

　視覚，聴覚，触覚，味覚，嗅覚といった五感に直接訴える展示の訴求力というものは，「百聞は一見にしかず」という言葉のとおり，他の様々な情報の発信手段と比べて極めてインパクトが強く，博物館が情報を発信するためには非常に効果的な手段と言えます。展示をコミュニケーションの手段の一つと考えれば，日々，積み重ねられていく研究成果，そしてそれに基づく博物館としての社会的な役割を果たすための情報を，展示を通してメッセージとして発信していき，コミュニケーショ

ンを引き起こすことが重要です。

(1) 展示からメッセージを発信する

　メッセージとは，展示を通して博物館として伝えたいことを表現し，展示を見る人が考えるきっかけをつかむことができるようにするためのものと言えます。博物館として展示にどのようなメッセージ性をもたせるかについては，様々な考え方があります。一つの考え方として，「博物館は，押しつけがましくメッセージなど出さなくても良い。展示資料を並べておいて各々の見学者が自らの興味・関心に応じて色々なことを感じ取れば良いのではないか？」というスタンスもあります。こういう考え方も一理あるでしょう。展示から何を感じ取るかを見学者の主体性にゆだね，博物館はそこにはタッチしないという考え方です。ピンポイント的に個々の展示物について考えるような場合は有効な手法と思われます。

　しかし，今日の社会的状況を見ると，現代社会は多くの地球的規模の課題を抱え，その解決のためには，人類がこれまでもってきた価値観すら変換させていかなければならないような時代を迎えています。そして，ともすれば過去の遺物を保管するだけの施設と捉えられがちだった博物館の社会的役割も，もっと能動的なものに変化していくべきだと思います。博物館が主体的にメッセージを発信し，社会の様々な属性の人々に考えるきっかけを作り，コミュニケーションを巻き起こすことが，これからの博物館に期待されることでしょう。そして，博物館が所蔵する膨大な資料は，展示を通して博物館が期待される社会的な役割を果たすために大いに寄与してくれることでしょう。社会を見渡しても，これだけの資料を組織的，系統的に所蔵している施設はありません。それらをフルに活用し，博物館としての意図に沿って展示を構成していくことが重要です。

　さて，博物館がメッセージを発信するといっても，様々な形があります。例として3つのパターンを挙げてみます。①博物館としては問題を

提起するにとどめ，その問題の存在を認識させる関心喚起型，②博物館としてその問題についてどのように考えるかまでを示す理念提示型，③具体的にどのような行動を取るべきかを示す行動指針提示型。どこまで踏み込むかは，それぞれの博物館の立場，考え方で異なると思いますが，コミュニケーションを巻き起こすためには，コントラバーシャル（論争，議論を巻き起こすよう）な手法を用いるなど工夫が必要です。

（２）展示のアミューズメント性を高める

　先ほど，博物館展示のキーワードとして「教育的配慮」を挙げました。しかし，「教育的配慮」というと，何となく上から目線的なものを感じ，「教えてやる」という感じがして，これがあまりに前面に出てしまうと，見学する前に気分がなえてしまいそうです。博物館にもわくわく感やドキドキ感を味わうことができ，楽しく見学できるような仕掛けが必要になってきます。展示のアミューズメント性とは，展示に娯楽的要素を取り入れ，楽しみながら見学することによって，見学者の興味・関心をひきつけ，特に子どもが本来もっている好奇心を刺激しつつ，見学者に意識させずに学習効果をあげる仕組みと考えて良いでしょう。

　科博では，娯楽的要素を取り入れた展示としては，たんけん広場「身近な科学」「発見の森」，シアター36○，ICカードなどがあります。たんけん広場は，2015（平成27）年7月ごろより，アミューズメント要素を取り入れて，体験型展示を中心とする新しいコンセプトの展示にリニューアルオープンする予定です。これらの展示はいずれも来館者からの人気が高いものであり，アミューズメント要素が展示の中で重要なものであることを示しています。

　しかしながら，利用者の反応は必ずしも博物館側の期待するものと合致しません。例えば体験展示により科学の原理・原則を学ぶ「身近な科学」では，身体を動かしながら展示装置を操作する楽しさが多くの子どもたちをひきつけ，いつも賑わっていますが，そのアミューズメント性だけに関心が集中し，博物館側が意図する展示を通して科学の原理・原

則を理解していくという効果が期待通り出ているかどうか疑問なところがあります。また，乱暴な扱いによる展示装置の消耗，破損も深刻な問題です。

博物館にとって，アミューズメント性はあくまでも「手段」であって，遊園地のように「目的」化することは本末転倒であることを考えると，博物館におけるアミューズメント性は両刃の剣という面もあります。装置の耐用面の問題や，先進的な装置ほど時間の経過に伴い陳腐化が急速に進むという懸念もあります。以上のことを考えると，昨今の厳しい財政事情のもとハード面だけでアミューズメント性を維持していくのは非常に困難であり，今後は，既存の展示物を利用しながらソフト面でのプログラム開発，人的資源の活用など運用面での工夫によりアミューズメント性を高めていく努力が強く求められてくるでしょう。

また，展示そのものではなく，館内のレストラン，カフェ，ミュージアム・ショップ等のアメニティ施設における非日常性を感じさせる楽しい装飾，メニューの工夫やオリジナルグッズ開発などによりアミューズメント性を演出し，家族連れ，カップル，高齢者など幅広い層の人々に対して博物館そのものに対する親近感，期待感などを高める工夫も必要でしょう。

1-4．科博における展示構成

科博においての展示の体系図は，図Ⅲ-1のとおりです。まず常設展示と企画展示に大別され，それぞれがその目的や態様によって細分化されます。これら各種の展示が組み合わさって，幅広い自然科学分野の多様なテーマに関するバラエティーに富んだ展示を展開しています。

(1) 常設展示は博物館の基礎体力

科博の常設展示には，展示場面積が約2000㎡の日本館，同じく約8900㎡の地球館，日本で唯一の全天球型映像であるシアター36〇，そしてクジラ，蒸気機関車などの屋外展示があります。これらの各種の展

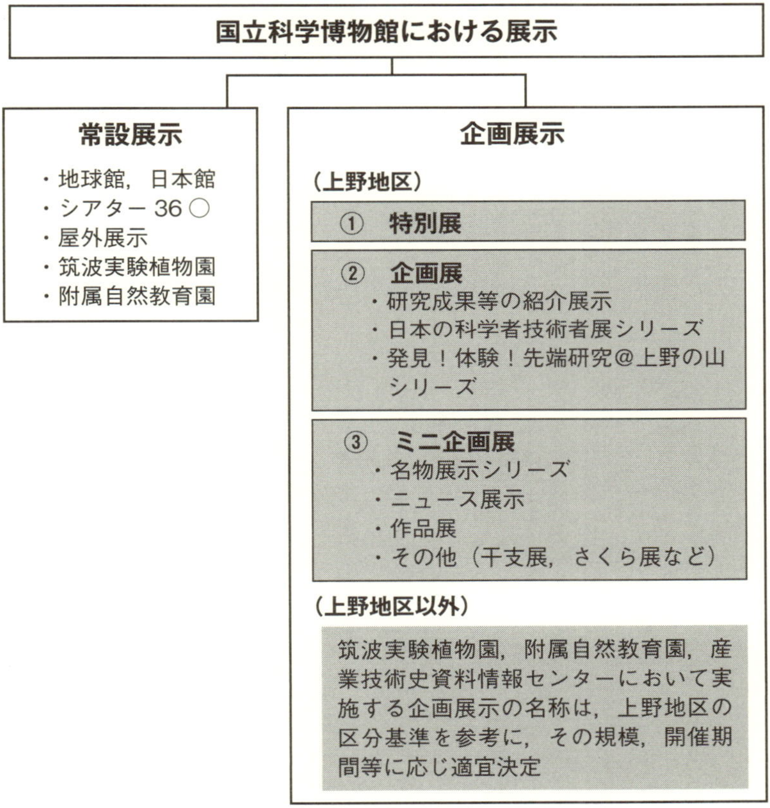

```
国立科学博物館における展示
├─ 常設展示
│   ・地球館，日本館
│   ・シアター36○
│   ・屋外展示
│   ・筑波実験植物園
│   ・附属自然教育園
└─ 企画展示
    （上野地区）
    ① 特別展
    ② 企画展
      ・研究成果等の紹介展示
      ・日本の科学者技術者展シリーズ
      ・発見！体験！先端研究＠上野の山シリーズ
    ③ ミニ企画展
      ・名物展示シリーズ
      ・ニュース展示
      ・作品展
      ・その他（干支展，さくら展など）
    （上野地区以外）
    筑波実験植物園，附属自然教育園，産業技術史資料情報センターにおいて実施する企画展示の名称は，上野地区の区分基準を参考に，その規模，開催期間等に応じ適宜決定
```

図Ⅲ-1　科博の展示の体系図

示は，「人類と自然の共存をめざして」という共通の大テーマのもとに構成されています。

　日本館と地球館は屋内の展示であり，それぞれ「日本列島の自然と私たち」，「地球生命史と人類」というテーマがあります。ここの展示の主体となるものは，実物の標本資料です。各研究部の研究者が日本中，世界中から採集してきた資料や，寄贈された世界でも有数の標本コレクション，それに体験型展示が加わり，約2万3000点の展示資料から構成されています。科博が収蔵する標本資料点数は，420万点を超えますが，展示してあるものは，そのごく一部に過ぎません。もちろん研究用

標本資料と展示用標本資料は性格が異なりますが，多くの研究者が長年にわたりフィールドにおいて採集し，また，科学技術史調査の中で収集してきたものです。

　また，寄贈標本資料にしても，研究者と寄贈者との間で長年にわたり築かれてきた人間関係，科博の収蔵保管体制への信頼，また，科博であれば有効に活用されるだろうという期待感などがあればこそ，科博に託そうという気持ちになっていただけるものと思います。そうして地道に積み上げてきたコレクションが，展示のために活用されるわけです。

　優れた展示を作るためには，そのバックボーンとして，研究組織，保管収蔵設備，それらが有効に活用される事業プログラムなどハード，ソフトの両面にわたる基礎的な基盤の整備が欠かせません。まさに，常設展示は博物館の基礎体力を反映していると言って良いでしょう。財政難で閉鎖されたり，かろうじて閉鎖されないまでも厳しい運営状況にある博物館が増えている昨今，幸い科博は国内では唯一の国立の科学博物館として，条件的には恵まれた立場にあると言えます。しかし，欧米の代表的博物館に比べると，組織，設備にしろ，コレクションにしろ，まだまだ見劣りするのが正直なところです。

（2）企画展示は博物館の応用力

　企画展示には，マスコミ等と共催する大規模な特別展から，科博が独自で行う企画展，ミニ企画展まで多様な形態があります。テーマは自然科学に関するものを幅広く扱っています。それぞれの展示の狙うところは異なりますが，これも科博の研究組織抜きには考えられません。科博が所蔵する展示資料を利用する企画のほか，外部の団体から外部企画を持ち込まれることもありますが，科博のポリシーとして，貸会場的に外部企画をそのまま受け入れるということはしません。科博の研究部が関与し，科博の専門分野を生かして独自のアレンジができるものについて，それを条件に受け入れをすることになります。

　また，一口に科学と言っても，その範囲は幅広く，人々が関心を抱く

ようなテーマが科博の扱う専門分野のものばかりとは限りません。その場合は，他の研究機関との連携も行いながら展示の構成を組み立てていきます。

博物館としては，社会的な動向も見据えながら，博物館の研究組織が専門とする分野だけではなく，幅広いテーマでの企画展示を開催したいものです。例えば最先端の科学技術を紹介するもの，また歴史的なテーマのもの，人々の好奇心を刺激するもの，また，科学的なテーマでありつつ，芸術や文学などと融合した展示など，多種多様な展示を打ち出していくことが人々の注目や関心を集めることになります。そのためには，広い範囲に対応できる研究組織をもち，それをバックアップするために臨機応変に判断しながら展示を管理運営していく管理組織も必要です。まさに企画展示の開催力は，博物館の応用力を反映していると言えます。

1－5．科博の常設展示

科博の入館者数のおよそ半分は，常設展示の入館者です。企画展示，中でも特別展は，駅やテレビ，新聞などでの広告をよく見かけるので，目立ちますし，テーマも「恐竜」や「ミイラ」など関心をひくものが多いので，週末などの時間待ちの行列などを見ると，一見そちらの入館者のほうが圧倒的に多いように感じますが，実はそういうわけでもないのです。これは，科博の常設展示が多くの人の支持を得ているからだと思います。現在，1万㎡を超す常設展示がありますが，これらについて紹介します。

（1）テーマは「人類と自然の共存をめざして」

科博の常設展示は，地球館と日本館の各展示によって構成されています（図Ⅲ－2）。

科博は，地球と生命，科学技術の歴史を明らかにし，人間と自然の望ましい関係,科学技術の在り方を考える機会を提供するとの考えに立ち，常設展示のテーマを「人類と自然の共存をめざして」としています。そ

常設展示全体テーマ
「人類と自然の共存をめざして」

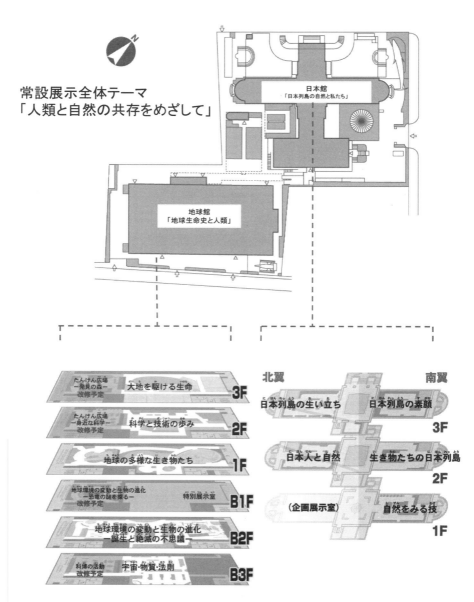

※「改修予定」の表示があるフロアは2015年7月頃リニューアルオープン予定です。

図Ⅲ-2　上野地区の常設展示

して，地球と日本という異なる視点からこの課題を捉えるため，地球館は「地球生命史と人類」，日本館は「日本列島の自然と私たち」について展示しています。

地球館は，生命や地球環境の保全等地球規模の課題を人類的視点で考察するうえで不可欠な地球と生命の共進化，生物の多様化と人類の拡散，科学技術の発展の過程等を体系的に紹介し，日本館は，日本の自然と日本人の形成過程，日本人と自然の関わり等を総合的に紹介しています。地球館と日本館のテーマに即してそれぞれコンセプトブックを作成し（題名は「地球生命史と人類」，「日本列島の自然と私たち」），ミュージアムショップで販売しています。

(2) 地球館で目指したもの

地球館の展示は，Ⅰ期部分とⅡ期部分から成りますが，1999（平成11）年にオープンしたⅠ期部分は，青少年の科学への関心や自然に親しむ心を培い，科学的なものの見方，考え方や自己教育力の育成及び個性に応じた学習活動の展開を図るため，実物標本を用いた展示とともに，インストラクターの指導のもとに実物標本に触れたり，実験装置を自由に操作できる新しい参加体験型・探求型展示を開発し設置しました。

Ⅱ期部分は，21世紀にふさわしい総合科学博物館を目指し，2004（平成16）年にオープンしましたが，Ⅱ期展示の製作にあたっては，科学の知見を知識として提示するだけでなく，例えば，「生き物たちが暮らす地球の環境を守り，自然と人類が共存可能な未来を築くために，私たちはどうすればよいか」など博物館として伝えたいことをメッセージとして発信することにより，展示を見る人々がそれぞれ「考える」きっかけをつかむことができる展示づくりを目指しました。

地球館全体のテーマを「地球生命史と人類－自然との共存をめざして－」とし，この全体のテーマおよびメッセージが，フロアごとの展示で示すそれぞれのテーマ及びメッセージにつながるように全体を構成しました。

地球館では展示を製作するにあたり，次のような基本方針のもとに効果的な展示を行っています。

① 斬新な手法で，良質のコレクションを多数展示

最新の研究成果に基づき，良質な実物標本資料を中心に，これまでにない斬新な手法で展示しました。世界最大規模の大型哺乳類剥製標本群であるヨシモトコレクションや，国内初公開のSFU（無人宇宙実験・観測フリーフライヤー），大型板根状締め殺しの木（マレーシア産），バシロサウルス（クジラの祖先の約20メートル大型骨格）などがあります。"本物"による迫力を感じることができるように，効果的な展示物の設置方法，演出照明等を用いて，感性を育む展示を目指しました（図Ⅲ－3，図Ⅲ－4）。

② 自主的・選択的な動線を設定

各展示を強制的な順路に沿って観覧する構成ではなく，多様な来館者が，それぞれに自主的・選択的に展示を利用できる空間を目指しました。中心の動線と，そこから各コーナーに枝分かれしてアプローチできる選択動線を設けています。お勧めコースも10コース設けてあ

図Ⅲ－3　大型哺乳類剥製標本

図Ⅲ－4　大型板根状絞め殺しの木

り，来館者の興味・関心や観覧時間の都合に合わせて楽しむことができるようにしました。

③ ゆとりある展示空間

「ゆとりある展示空間」を目指し，休憩や情報提供，学習活動など多目的に利用できるスペース"ディスカバリーポケット"を各展示フロアに設け，来館者の方々の多様なニーズに応えることができるようにしました（図Ⅲ－5）。

図Ⅲ－5　ディスカバリーポケット

このスペースでは，地球館オープン後，土・日・祝日に科博の研究者が交代で，展示や研究内容などについての解説や質疑応答などを行う新しいプログラム"ディスカバリートーク"を実施しています。来館者からは，研究者から直接奥深い話が聞けるということで，大変好評で，リピーターも増えています。

④ 情報技術（IT）を活用し展示解説をネットワーク化

　情報技術（IT）を効果的に活用し，地球館の展示解説情報をネットワーク化することにより，全館の展示解説を展示場の各フロアに設置してあるパソコンや，自宅でもインターネットを通じて見ることができるようになりました。それらに加え，入館者のうち希望者にはICカードを配布し，館内のどこを見学したのか，履歴が残るシステムを構築しました（図Ⅲ－6）。ICカードで登録された情報は，IDカード（パスワード付き）によって持ち帰り，科博のWebサイトにアクセスして，ID番号（パスワード）を入力することにより，館内で得た情報を引き出すことができます。したがって，学校や家庭などにおいて，予習，復習を含めた学習の情報源として，十分に活用することができます。

　また，来館前の方にも，科博のWebサイトにアクセスすることにより，事前に地球館の展示物の詳細内容についての情報を確認・活用することができます。

図Ⅲ－6　ICカード

(3) 日本館で目指したもの

　日本館全体のテーマを「日本列島の自然と私たち」とし，フロアごとの展示で示すそれぞれのテーマとつながり，全体として博物館として伝えたいことをメッセージとして発信するように心がけました。これにより，「豊かな日本の自然を守り，次世代に引き継いでいくためには，私たちはどうすればよいか」など，展示を見る人々がそれぞれ「考える」きっかけをつかむことができるように構成しました。

　ある国や地域の文化，国民性などは，そこの自然条件を抜きにしては考えることはできないでしょう。しかし，諸外国では地方の博物館がその地域の自然を紹介する例を除いて，国立レベルの博物館では，日本館

のように自国の自然と人々の成り立ちを紹介する大規模な展示はあまり見かけたことがありません。「自然はグローバルなものだから、そういうものを作る意味はない」という考え方もあるでしょうが、日本列島が成立し、現在の多様な自然と日本人が形成されるまでのプロセスを一連のストーリーでまとめて展開し、人類と自然の共存を日本列島から考えることは意義深いことと考えています。

なお、日本の自然やその中で日本人が形成された過程、そして人々の活動は、地球規模のダイナミックな動きの一環であり、「日本館」をご覧になる際には、「地球館」の展示とあわせ、「地球の中の日本」という視点をもって見ていただきたいと思います。

日本館では、展示を製作するにあたり次のような効果的な演出等を行っています。

① **わかりやすい展示ストーリーの構成と動線**

各展示室においては、入口に導入展示を置き、観覧者が、今からその展示室で始まるストーリーがどのような意図をもって展開され、何を物語っているか、問題意識をもって考えることができるようにしました。

動線については、日本の豊かな自然が成立し、日本人が形成されていく過程などが時系列で進行していく展示を理解しやすくするために、小項目レベルにストーリー番号がふられた明確な動線を設定し、それに沿って物語が展開していくような構成としました。

② **良質の実物標本資料を中心に展示**

最新の調査・研究の成果に基づき、初公開のものを含む良質の実物標本資料を中心に展示をしています。展示ストーリーと組み合わせ、資料のもつ意義を最大限発揮し、同時にこれら展示物の立体感や質感を演出できるように、建築意匠との関係を考慮したうえで、効果的な設置方法、演出照明等を行いました。展示資料数は約2900点です。

③ **デザイン上の工夫**

日本館展示においては、建物自体のもつ伝統的な雰囲気と調和し、

人々を温かく包み込むような空間を目指しました。各展示室の空間の特性に応じて、特に実物標本の大きさや美しさ、質感、重量感、存在感を感じてもらうため、配置や照明に配慮しました。特に、1階南翼は完全復元した伝統的な内装と、先人たちの科学や技術に関する営みを物語る資料が調和した、歴史を感じさせる雰囲気を生み出しました。復元された建物自体も、動線に沿って観覧の対象とし、来館者に文化財的建物のもつ歴史的な重厚さや伝統的な美しさを鑑賞してもらえるようにしました。展示をデザインするにあたり、建物の伝統的な雰囲気を充分に生かしながら、例えば建物のデザインを借景として展示と調和させるような、建物と展示物の相乗効果で両者の美しさを充分引き出せるような展示デザインを考えました。なお、日本館建物は2008（平成20）年に国の重要文化財に指定されました。

④ **解説方法**

展示物をじっくり見てもらうため、展示解説に階層性をもたせて、

図Ⅲ－7　様々なイベントに利用される中央ホール

基本的な内容をグラフィックスで示し，より詳細な解説や個々の展示物についての解説は，展示情報端末で提供することにしました。

⑤ 効率的な展示空間利用

中央ホールを中心に，展示室が南北に配置されるという建物の特性を踏まえ，中央ホールから出発し時計回りに展示を南北の順に観覧し，中央ホールに戻るという明確な動線を設けました。各展示室内は，縦長で比較的コンパクトな形状であることから，多くの標本資料を効率的に配置するために，なるべく長い動線が確保できるように壁沿いに回遊型のルートを設け，展示ケースで区切られた中央部分のスペースには，その展示室のテーマを説明したストーリー性のある解説映像を配置しました。

また，1階中央ホールは，各種のイベント，学習支援活動に利用可能な空間として活用しています（図Ⅲ－7）。

1－6．企画展示

（1）様々な開催形態を開発していく試み

① 新聞社，テレビ局等との共催によるもの

特別展会場で開催する特別料金をとる大規模な展示で特別展と呼びます。通常，新聞社，テレビ局などのマスコミ関係社との共催で実施します。駅や電車内でのポスターや新聞広告，テレビでの宣伝などをご覧になった方も多いと思いますが，当館の事業の中でも，広告媒体への露出が最も多く，観客動員力も大きい展覧会です。この場合，共催者のメディアが自社媒体で広告宣伝をすることができ，大きい情報波及力があります。

科博が収蔵する資料を利用した展覧会を自ら企画し提案する場合もありますし，共催者側から提案を受ける場合もあります。先ほども述べましたが，共催者からの提案を受けた場合でも，科博としてのアレンジを行い，研究成果を生かした展示をします。

② 博物館独自によるもの

科博の研究成果を公開する中規模な企画展示で企画展と呼び，科博独自の予算で実施します。予算的な事情で，特別展のような大規模な広告宣伝を実施することはできません。主に科博のホームページ，メールマガジン，情報紙などの広報ツールを利用してPRを行います。また，マスコミにも積極的に情報提供を行い，取材してもらい記事として取り上げてもらえるように努力します。

③ 他機関との連携によるもの

科博の研究分野は，自然史，科学技術史全般を広くカバーしていますが，限られた人数の研究者ですべての研究領域をカバーすることはできません。そのため，様々な外部の団体と連携して広く科学に関する企画展示を実施します。大学，研究所，学会，博物館のような研究を生業とする団体だけではなく，企業，業界団体，愛好家団体，デザイン事務所などにも積極的に協力を得て実施しています。

他機関との連携は，科博が研究しているテーマについても行いますが，これは企画展示を深化，高度化させる効果があります。

具体例としては，大学と共催で行う「発見！体験！先端研究＠上野の山シリーズ」をはじめ，関連する企業や学会の協力を得て行う「日本の科学者技術者展シリーズ」などがあります。

（2）新規顧客開拓に向けた取り組み
① 王道テーマ以外のものでも関心を生みだす

博物館の企画展示でどのように新規顧客層を開拓していくかは悩ましい問題です。特に，特別展のテーマ次第では，その年の集客に大きく影響してくるからです。博物館として確実に集客が見込める王道テーマは，「恐竜もの」「ミイラ展示を含む文明もの」といったところで，過去の特別展の動員数の順位を調べると，恐竜や文明関係の展覧会が上位を占めています。入館者数は，独立行政法人の年次業績評価でも重視されるので，館の立場としては，ヒットが確実な特別展に頼りたくなりますが，かといって年中こういうテーマの企画展示ばかり

開催するわけにはいきません。

　そこで，社会の動向や人々の嗜好を探りつつ，一見，博物館とあまり関わりのなさそうなテーマでも，元々人々の関心が高いと思われているテーマを積極的に取り上げて，博物館としての知見を盛り込みながら集客力のある企画に組み上げていきます。過去，「スターウォーズ展」「テレビゲーム展」「チョコレート展」などを開催しましたが，これらは社会的には認知度の高いテーマですが，科博とどんな関わりがあるのかというと，疑問をもたれる方も多いのではないでしょうか。これらのテーマの場合にも，アミューズメント性を失わないように配意しつつ，物理学や，技術の進歩，人間と植物の関わりといった観点から科博の知見を盛り込み，全体をアレンジしました。この手の企画展示は，企画担当者がいかに柔軟な思考をもち，対応していけるかが勝負になります。まさに博物館の応用力が試されていると言って良いでしょう。

　このような展示は，新規顧客層の開拓に大きな効果があります。一見，博物館に関係のなさそうなテーマということは，裏返して見れば，こういうテーマに関心をもっている人は，日頃，あまり博物館には関心をもっていない人たち＝博物館に足を運ばない人たちと推測できます。スターウォーズという人気映画のコアなファン層，世間ではオタクと言われるような人を含むゲームマニア，チョコレートに縁の深いクリスマスやバレンタインデーを一緒に過ごすカップルたち，そういう人たちが，こういう企画展示を開催することによって，博物館に足を運んでくれます。そして，同時に常設展示も見ていただけることが多いので，博物館の幅広い展示の魅力に気がついていただく絶好の機会となります。

② **身近なようでもその実態が理解されていないもの**

　一方，すでにある程度知られた認知度の高いテーマを取り上げるだけではなく，日常，特別に深く気にかけることもないようなテーマでも，自らの研究成果や所蔵標本を武器に，積極的に打って出る試みも

行っています。一見，地味なテーマでも料理の仕方次第では，人々の関心を新たに生み出し，新しいムーブメントを起こすことができると言えます。例を挙げると，「菌類のふしぎ展」「海の大哺乳類展」「陸の大哺乳類展」などがあります。菌類はコミック誌に取り上げられていたキャラクターとタイアップして，日頃，ほとんど意識することもない菌類をテーマに，人々の好奇心を楽しみながら掘り起こす展示を作り，まさに研究機関のアウトリーチ活動の見本として高い評価を得ました。また，大哺乳類展は，哺乳類という生物の新たな魅力を引き出し，大きな観客動員を得ました。元々，動物園では哺乳類は花形であり高い人気を誇っている動物たちですが，それらを間近でじっくりと観察ができるように，科博が所蔵する豊富な標本類を中心として構成し，動物の迫力，美しさ，愛らしさなどを，動物園での生態展示とは違った形で表現しました。

2013（平成25）年7月〜10月に開催した「深海展」は，深海に棲む謎に包まれた生物であるダイオウイカにスポットを当てて，深海の様々な生き物をメインのテーマとした特別展です。科博の研究者がリーダーとなり進めてきたNHKや他の研究機関の研究者との共同研究の成果をもとに展示として実施したものです。これには特別展歴代5番目の59万3129人の入場者がありました。テレビなどでも取り上げられた影響もありますが，深海の巨大な生物へのロマンと相まって，「イカ」にここまでの集客力があったとは，想像しなかったのではないかと思います。地道な研究で世界初の成果をあげただけではなく，それを博物館ならではの展示という形で公開し，大きな反響を得ることに成功したのです。

③ 異分野とのコラボに積極的に取り組む

次に，他の分野とのコラボを通じて，科学を今までとは全く別の切り口で見せる試みがあります。2012（平成24）年に開催した「縄文人展」は，著名なデザイナーや写真家とコラボして，芸術と科学の融合を試みた展示でした。遺跡より発掘された縄文人骨を題材に人骨から得ら

れる科学的知見を紹介するとともに、芸術分野で活躍する写真家が撮影した人骨写真を展示し、さらにデザイナーの視点による展示を行うことで、多様な切り口から対象を観察することができるようにしました。この展示に取り組んだ思いを一番端的に表したものとして、この企画展の監修を行った研究者が書いた紹介文を記します。

「私たち人類学者は、骨によって作られた履歴書を通して生前の彼らの姿を想像する。しかし、人物を理解する方法はそれだけではない。芸術は科学とは全く異なるアプローチで人物の本質に迫ることができる。一枚の写真が、あらゆる説明を越えて、人物の本質を伝えることもある。私たちは、縄文人の実像を伝える際に、芸術と科学が互いに排除するものではなく、共に対象の本質に迫る方法だと考え、この展覧会を企画した。」（国立科学博物館人類研究部　篠田謙一）

この企画展のアンケート結果を見ると、以前から科博に来館されている方々は、芸術面での解釈が入ったことにより「科学－a」として異質な展示として捉えられた面が見受けられた反面、写真を目的に来館された方は、科学的解釈が入ったことにより「芸術＋a」とポジティブに受け取っていただいたという面も見受けられました。新たな来館者を開拓するという意味では、芸術ファンにも博物館の魅力を理解していただく効果があったものと思われます。

1－7．展示ができるまでの長い道のり

当館の展示は、一部のものを除いて、基本的には研究部が内容の企画・監修を行い、事業推進部の展示担当課が企画・運営をサポートします。ここでは、展示としてのかたちになるまでのプロセスを簡単に紹介しましょう。

まず、企画展示について述べます。開催の端緒については、研究者が研究成果や自分が担当する分野の標本資料を利用して展覧会として公開したいと考えた場合に、展示担当課に企画書案をもって提案します。また、外部から展示担当課に提案があり、研究部に対応の可能性を照会す

るような場合もあります。いずれにせよ，展示担当課では，提案内容，スケジュール，開催場所，必要予算などを検討し，実現が可能と判断した場合，担当研究部とともに館の経営陣の了承を取ります。めでたくGOサインが出た場合は，担当研究者を中心として具体的な展示ストーリーの立案，展示資料の確認，必要に応じて資料調査や貸出交渉を行います。これらをもとに基本計画としてまとめ，展示業者を決定するための企画競争（コンペ）の手続きをします。展示業者が決定したらデザイナーや施工技術者などを交えて打ち合わせを重ね，さらに具体的に展示室の配置，デザイン，演出などを具体化し図面化する設計，現場での設営工事に進みます。その後，展示資料の運搬，搬入，演示，広報印刷物の制作，開会式の準備などを経てオープン日を迎えます。展示が終了すれば，造作撤去，展示資料の確認，梱包，返却と続きます。

　特別展のような大規模なものの場合は3～4年，企画展のような中規模な場合でも2～3年の準備期間がかかります。多くの展覧会の準備を並行して進めていますので，企画展示担当課では，常に様々な進捗状況の展覧会を同時に多数並行してハンドリングしており，工程の管理が大変重要になってきます。

　常設展示の場合も，基本的には企画展示と流れは同様ですが，規模が大きいこと，全研究分野にかかってくることなどの理由で全館的な体制で取り組むことになります。一度作ると少なくとも10年～15年は展示として稼働するわけですので，企画展示以上に，企画案づくりにじっくり取り組まなくてはいけません。また，大規模な改修となると国の予算の事情にも影響されますので，なかなかタイミングをとるのが難しいものです。

1-8．より展示を活用してもらうための取り組みと課題
（1）展示見学の楽しみを倍増させるソフトの整備
　展示見学に際しては，展示そのものであるハードの充実とともに，それを楽しんだり，理解したりすることの手助けをするようなソフトの整

備が欠かせません。科博では，IT技術を活用して，次のようなサービスを提供していますが，システムを改善して，より使いやすいものにしていく必要があります。

① 常設展示の音声ガイド（当館研究者の声による展示解説ガイド）
　日本語，英語，中国語，韓国語の4ヵ国語に対応しています。日本語版では，科博の研究者と上柳昌彦アナウンサー（ニッポン放送）のかけあいによる対話形式をとり，楽しみながら展示を理解することができます。また，日本館の日本語版は「標準解説」のほかに，さらに詳しい情報が知りたい方のための「詳細解説」も用意していますので，利用される方の関心に応じて使い分けることができます。友の会会員，リピーターズパスをお持ちの方には2回目以降は無料で貸し出しています。
　音声ガイドについては，2014（平成26）年度よりタブレット端末を導入し，音声解説のみではなく，もっと幅広い機能を付加したツールとして試験的な運用を開始しています。今後，機能を段階的に追加充実させて，2015（平成27）年度に予定される地球館Ⅰ期改修のオープンと同時に本格的な運用を始める予定です。

② 見学した展示がわかるICカード・IDカード
　ICカードを展示情報端末にかざすことにより，館内のどこを見学したかがICカードに登録され，帰宅後に来館時に使用した情報端末を確認することができます。
　今後，履歴を蓄積させていくシステムを導入し，継続的な利用によってより効果的な学習に活用できる方法を検討しています。

③ 展示情報端末
　展示場内でコーナーごとに設置しており，展示解説を読むことができます。実物標本をじっくりと見ていただくためパネルによる情報提供は極力少なくし，個々人の興味・関心に応じてこの情報端末に

図Ⅲ-8　展示情報端末

より詳しい情報を提供しています（図Ⅲ-8）。

　また，著作権上問題のないコンテンツについては，インターネットでも読むことができるようにし，自宅でも事前，事後の学習に利用できるようにしています。

　これらのソフトを運用する機器（ハード）も，最近はより手軽で高機能な機種が出現したことにより，ソフト面でも，ますます便利で楽しい機能を付加できる可能性が大きく広がっています。当初，導入した機器がそろそろ更新時期を迎えており，現在，新しいシステムを導入し発展的により充実させていくことについて検討中です。

④ 常設展示データベース

　科博の常設展示には約2万3000点の資料が展示されています。そこには誰もが知っているような有名な資料から，名も知れぬ小さな昆虫まで多種多様なものがあります。展示担当者といえどもすべての資料名を記憶できるわけではありません。お客様から「○○の資料は展示されていますか？」と質問を受けたとき，資料リストから手作業で探し出すのは時間も手間もかかり，これを効率的に検索できるシステムを構築することは長年の課題でした。

　そこで，まずソフトを開発し，実用に耐えうるデータベースとして整備するため，全研究部とともに内容の精査・確認を進め，館内職員による試行的な利用を経て，2013（平成25）年3月よりホームページにて一般公開を始めました（図Ⅲ-9）。国内外を問わず，この規模の展示資料データベースを整備している機関はないと思われます。

　科博に来館を予定されている方にとって，事前にホームページで自分が見たい資料を検索して，展示されているかどうかを気軽に調べることができるようになり，利便性が大きく向上しました。また，職員自身が業務上展示資料について調べる必要があるときの作業の効率化にも大きく寄与しています。

図Ⅲ-9　常設展示データベース（データベース画面で検索したい内容を入力）

（2）展示資料の魅力を倍増させる人的資源の活用

　これも展示の魅力をアップするソフトの一つかもしれませんが，博物館のもつ人的資源を活用することも必要不可欠です。科博では，展示場には教育ボランティアを配置しており，見学者への展示案内などを行っています。ボランティア自身も科博の研究者から研修を受けながら，自

分の担当分野について学習し，レベルを向上させる努力を行っています。

また，研究者が来館者に展示場で直接語りかけるディスカバリートークも毎週末に行っています。その展示を手掛けた研究者から，より掘り下げた話が聞けるとあって大変好評です。

　こうして，来館者と館のスタッフの接点が増えることにより，科博に対してより親しみを感じていただき，リピーターとして何度も足を運んでいただけることにつながります。なお，教育ボランティア制度についても，後ほど述べる地球館Ⅰ期部分の改修により，展示の体系や運用方法が大きく変化するため，現在，制度の変更を進めています。2015（平成27）年度から標本資料を活用し，より展示を掘り下げて解説を行う仕組みを導入するなど，新しい活動方針のもとに再スタートする予定です。

(3) 常設展示の経年化，陳腐化

　地球館Ⅰ期（地球館北側のおよそ1/3部分）は1996（平成8）年に展示工事に着手し，1999（平成11）年4月に公開開始しましたが，オープン後14年が経過し，展示の内容や展示物自体に経年劣化が進んできました。

　体験を通じて自然や科学について学ぶことを目的とした参加体験型展示「たんけん広場」は，我が国における先導的な展示として一定の成果をあげましたが，全国各地に同様な施設が普及した今，科博での展示はその役割を終えたと考えられます。また，近年，関心が高まっている生物多様性や，研究の進展が著しい恐竜に関する展示についても，最新の学術動向が十分反映されておらず，適切な情報が提供できていない状況です。このため，地球館Ⅰ期部分を全面改修することとし，現在，準備を進めています。

　常設展示は，一度作るとかなりの長期間（10年～15年）にわたって供用されます。もちろん，大きな学説の変更が出てきたような場合，ピ

ンポイントで修正を行ってはいます。しかし，展示は制作当初に，館として発出するメッセージを意識しつつ，ある一定のストーリーを作り，それによって展示資料を配置し，演出しています。ピンポイントでの修正が重なってくると，当初の意図との微妙なずれが積もってきて，全体の整合性やバランスが徐々に崩れてきます。

　また，10年も経つと，社会的な動向にもかなりの変化が起こります。例えば生物多様性について見ると，国際生物多様性年である 2010（平成 22）年に名古屋で COP10 が開催されて国内でもその重要性がかなり認識されてきたものの，それまでは一般にはほとんど認識されていないような概念でした。今では多少広まったとはいえ，行政機関等が行った各種のアンケートの結果を見ると，生物多様性という言葉の意味を認識している方の割合は，回答者の 1/3 程度で，その重要性を考えるとまだまだ十分なものではありません。

　このような人々の意識とのギャップを埋めるために，自然史系の博物館が果たすべき役割はますます大きくなっており，時々の社会的な状況に従い，博物館の展示の重点も組み替えていく必要があります。

2．生涯学習社会に対応した教育活動

2－1．教育活動は生涯にわたる学習機会を創る

　一般に教育活動は，博物館が意図して行う展示・教育機能と考えることができます。

　資料を収集し，保管し，後世に継承していくことは博物館の重要な役割です。博物館は，そのために資料に対する調査・研究を行い，資料に学術的・文化的価値を与えてきました。さらに価値づけられた資料を展示し，人々に伝え，教育機能を果たし，人々に文化として継承してきました。教育活動は，博物館の各機能と結びついて意義のあるものとなります。

　現代は新しい知識が，政治，経済，文化等社会のあらゆる領域で基盤となり，重要性を増す知識基盤社会です。知識基盤社会は，生涯学習社会の実現を必要とします。人々は，自ら課題を見つけ，解決する能力など，総合的な知を必要としています。これに対応して種々の教育関連施設は連携協働し，トータルとして人々の学習の機会を提供することが求められています。この学習は，人々が充実した生活を送り，また，社会を支え発展させるために不可欠な総合的な知に係るもので，社会が必要とする社会的要請に対応しつつ，個人が求める個人的要求に調和的に応えるものでなければなりません。自己の人格を磨き，豊かな人生を送るために生涯学習の重要性が指摘されるとき，この調和ある学習の機会の提供や奨励は，ますます重要になるでしょう。

　生涯学習社会は，一人一人があらゆる機会に，あらゆる場所において学習することができ，その成果を生かすことができる社会で，博物館をはじめ，あらゆる施設は，社会との関係性をこれまで以上に重視し，強めることを求められています。生涯学習社会の実現に向けて博物館は，人々が生涯を通じて等しく利用することができ，またその学習の成果を生かす場として社会的役割を果たす必要があります。このため博物館は，人々が豊かに生きることが社会の豊かさにつながることを目指して，人々の要望と社会の要請を踏まえて経営することが必要です。博物館等

の社会教育施設は，このような社会の教育基盤の一部を形成する重要な役割を担うとの認識のもとに，その教育機能を一段と充実させる必要があります。

博物館は社会教育によって生涯学習を推進する重要な機関であり，個人の自主的自発的な学びを尊重しつつも，意図的な教育活動を展開することが必要です。特に科学系博物館については，人々の科学リテラシーの向上に創意・工夫をもって意欲的に取り組むことが望まれます。教育的役割を効果的に遂行するために，博物館は明確な教育方針を有する必要があります。博物館の展示，レイアウト，教育プログラム，解説者，これらを統合した全体的な雰囲気は，来館者に対し教育的メッセージを伝えます。したがって，一貫した教育方針が全館に行きわたり，意図的にそれが実行される必要があります。

教育活動は，広く来館者を対象とする一般的な教育活動と，一部の目的意識の高い人を対象とする専門的な教育活動に大別できます。

一般的な教育活動は，比較的平易な，単発的な体験活動であり，人々に科学を理解してもらうことをねらいとしています。すべての人に科学を理解してもらう，興味・関心をもってもらうことは不可能ですが，それらを目指して活動分野，水準，方法等をいろいろ工夫しています。例えば人々の好奇心を刺激し，楽しさを味わってもらうエンターテイメント的な配慮です。不思議な現象や実験の面白さを生かして，わかりやすさや感動を追求しています。人々の生活に深く関係する自然現象等の現代的課題を扱うなども有効です。また，一般的な教育活動においても，できる限り先導的な，モデル的なプログラムを実施しています。他の博物館では行われていないプログラムや，一部で行われているものに新しい視点を取り入れたプログラム等であり，これらのプログラムは，具体的な教育活動を通して開発され，普及していきます。

専門的な教育活動は，多数の研究者を擁する科博ならではの特色あるものであり，比較的高度な内容のプログラムや継続的に調べる内容のプログラム等です。大学生のための自然史講座や科学技術史講座，いろい

ろな学会等と連携したセミナー等は前者の例であり，展示や資料を用いた講義，観察，プレゼンテーション等を組み合わせた長期にわたるアフタースクールプログラム等は後者に当たります。サイエンスコミュニケータ養成実践講座，学芸員専門研修アドバンストコース等の人材養成も専門的な教育活動です。

　なお，科博の教育活動は学校等と連携して行うことも多く，連携協力の仕組みとして大学パートナーシップ制度があります。

　このような具体的な教育活動のほか，科博は世代に応じた科学リテラシーの涵養のための教育体系の構築，学校の教育課程に対応する体験的な学習プログラムの体系化など，新たな教育サービスを開発し，他の博物館等と連携して，広く普及しています。これらの多様な教育活動により，科博は子どもから大人まで生涯にわたる学習機会，一般的・専門的な学習の場を創り，人々の自発的で意欲的な学習参加を促しています。

２−２．教育活動の特徴を生かす

① 実物による教育・体験的な学び

　博物館が保有する資料を活用した教育活動について，棚橋源太郎は「博物館教育の特色の第一は，博物館が観覧者の眼に訴えあるいは手を触れしめて，直接実物から確実な知識を獲得させていることである。この実物観察の経験こそは，博物館の一大特色とするところである。」として，実物による教育が博物館教育の特徴であることを認めています。博物館教育の特徴は，実物による教育です。実物には様々な情報が含まれており，来館者が実物を観察したり，触れたりすることでその情報を体験的に獲得できます。体験的な学びにおいては，知識を理解するだけでなく，興味・関心を高めるといった面が来館者の学びに大きな影響を与えます。

② 自主的な学習

　学校においては学習指導要領に基づく教育活動が展開されています。これに対し，伊藤寿朗は「博物館は個々の人々の好奇心（知的探

究心）を軸としており，経験主義に基礎をおいている。」と指摘しています。学校では，一つの目標に向かって一斉に効率的に学習する方法を取る場合が多いようですが，博物館では到達すべき目標を一つに限らず，個人が興味・関心に基づいて学習することに重点を置いています。博物館教育の特徴は，個人の探究心に基づいた自主的な学びを支援するところにあります。これは来館者から見れば，自分で学習に取り組むかどうかを選択できるということです。博物館は自由選択学習（free-choice learning）の場です。

③ 非集団的な学習

博物館では非均質な集団に対する指導があり，かなり高度な内容の学習活動も可能です。アメリカの科学系博物館に見られる，継続的な学習活動であるアフタースクール活動では，研究者の専門性と研究への姿勢が子どもたちの学習意欲等に影響を与えるようです。アメリカ自然史博物館のアフタースクール活動には，高校生が研究者と2年間共同で働き，自分の研究結果を発表するという事業があります。この活動では，研究者を精神的な支援者（メンター）と位置づけ，高校生は研究者の専門性を徒弟的に学んでいく過程を経験します。このような研究者，研究室，博物館という状況に依存した教育活動では，学習指導要領を超えた内容で，専門的な学習が可能になると考えられます。

④ 生涯学習として

博物館は学校教育とは異なり，幅広い年齢層の学びが展開される点が特徴です。訪れる人は様々な年齢層に属し，多様な知識と経験をもっています。博物館教育はこのような人々の多様性を考慮する必要があります。また，生涯にわたる長期的な視点で学びを捉える必要もあります。例えば博物館の「フーコーの振り子」という展示を見て，小学生が興味・関心をもち，その時は原理の理解には至らず，思い出として記憶されていたところ，10年ほど経ってから，理科でその原理を学んだときにその体験を思い出し，生き生きとしたイメージでその原理の理解が進むことがあります（図Ⅲ-10）。このように人々の人生

に比較し，ほんの一瞬の博物館体験の影響はごくわずかですが，博物館での経験が後の学習を強化したりすることがあります。博物館の体験は，その後のより深い理解の土台を提供しうるものです。

このような例は博物館に限られるものではありませんが，実物に即して学ぶ博物館教育では，今は理解できなくてもいずれわかるという教育活動，いわば生涯学習を念頭に置いた活動が求められています。

図Ⅲ－10　フーコーの振り子

2－3．科学と社会をつなぐ仕組みを工夫する
（1）人々にとって科学リテラシーが必要

20世紀の科学研究の成果は私たちの日常生活に反映され，豊かな物質文明を育んできました。しかし20世紀末から，様々な社会的な問題，地球規模の自然環境の変化，満たされない心の充足感など，未解決な課題が山積し，高度化，細分化する学問の方向性の中では，私たちはその答えを見いだせないままでいます。また我が国の小中高校生は理科の成績が国際的に高いものの，中学生においては理科への興味・関心は低くなっています。さらに一般成人においては，その科学リテラシーは国際的に低いことが指摘されています。

現代は社会的課題に対して，総合的な視点からの選択が求められる科学技術社会です。人々の人生において豊かに生きることができる社会を構築することが重要です。そのために人々が人生の様々な場面で適切に判断し，課題に対し合理的に対応できる能力，科学リテラシーが必要です。

そこで博物館に求められているのは，科学技術に関わる専門家と一般の人々の間を双方向的につなぐ営みです。学校のみならず，社会の様々な場

面で科学と人々をつなぎ，科学を文化として醸成していく社会環境の創造を博物館が行うことができます。博物館は人々の科学リテラシーを涵養するために，エネルギー，水，食，健康，環境等の生活や社会の課題に対する教育活動を開発し，提示することが重要です。

例えば，科学系博物館には，科学研究の成果や実物標本があり，博物館での研究活動を通じて，生き物の歴史を振り返り，生き物が生息していた環境や他の生き物との相互関係を見いだすことができます。これらの関係性の理解を深めることは，生き物とそれを取り囲む「環境」という課題を総合的に捉えることで，今後私たちが他の生き物と共生，共存していく地球上において，人間と自然の相関性に示唆を与えてくれるものです。

（2）自然観察会や実験教室などの教育活動を展開する

科博では年間のべ約700件（2013年度）の教育活動を実施しています。これらは科博の専門性の高い研究者が自ら教育活動を実施する独自性の高い活動です。科博の使命と中期目標・計画に基づき，青少年の科学リテラシーを高める活動，成人の科学リテラシーを高める活動を展開しています。

青少年の科学リテラシーを高める活動には，野外で観察を行う自然観察会があります。海岸に棲む生物の観察，川岸での地層・化石の観察，山での植物観察，星空の観察など多岐にわたります。これらは研究者のフィールド調査をじかに体験できる，博物館ならではの教育活動と言えます。自然に触れるとき，何を見たら良いのか，いろいろと迷われる参加者が多いようです。しかし，そのような答えのない中で迷う経験が，感性を育み，自分なりの課題を探すことにつながります。近年，青少年にこのような体験が少なくなり，フィールドサイエンス（野外科学）の重要性が改めて感じられます。野外科学の体験を通じて，試行錯誤して，考えることが，自然や社会にある課題を主体的に解決していく力につながると考えられます。

室内の実験・観察には，自然史科学に関する高度な実習と講義を組み

合わせた自然史セミナーや，高校生を対象にした化学実験講座などがあります。これらの中には，研究者のもつネットワークを活用して，関連学会と連携して実施することにより，科博だけではカバーできない領域に関する教育活動も含まれています。さらに，高校生が研究者とともに3日間程度研究を体験できる教育活動があります。これは前述した専門的な学習活動が可能となるものです。

　成人の科学リテラシーを高めるものとして，大学生や社会人に対する講座があります。大学生のための自然史講座や科学技術史講座およびサイエンスコミュニケータ養成実践講座です。参加者自らが科学リテラシーを高めるとともに，青少年の科学リテラシーを涵養するために，指導者のサイエンスコミュニケーション能力を高めることもねらいとしています。

（3）研究者自らが一般の人に語りかけるディスカバリートーク

　博物館教育には，収集・保管している資料やその資源に基づく調査・研究の成果を社会に広く還元するという意義があります。それを具現化した取り組みとして，「ディスカバリートーク」があります。この教育活動は，2004（平成16）年11月に科博の地球館がグランドオープンしたのを機に始まり，研究者全員が交代で行っています。2名の研究者が土曜日・日曜日・祝日の午前・午後1回ずつ，時間は30分程度，各展示室にあるディスカバリーポケットなどにおいて，展示や研究内容に関することを直接来館者と対話する活動です（図Ⅲ-11）。事前申し込みではなく，15名程度の定員で実施しています。

　ディスカバリートークでは，各研究者からは研究内容や研究のプロセス，展示物の特徴などが語られ，来館者からはその解説内容に関する質問があります。動物・植物・地学・人類・地工学の各分野の研究者の人となりが直接対話によって引き立ちます。来館者からの質問に対応することは，研究者にとって一般の方の研究に対する考え方や関心を知ることができ，直接的なサイエンスコミュニケーションの機会となっています。

図Ⅲ-11　研究者によるディスカバリートーク

　2010（平成22）年度から，教育活動に参加した方を対象にアンケート調査を実施しています。ディスカバリートークの調査結果は，各回とも満足度が高く，理解度も適正であることがわかります。一方，参加者が固定化される傾向があることがわかりました。目的をもって来館することは良いことですが，新しい来館者の偶発的な学習機会を奪っているのではという課題があります。そこで2011（平成23）年度より，新規の参加者がふらっと立ち寄れようにと，従来の30分の活動に加えて15分程度，展示物の前で行う「ディスカバリートーク・ライト」を実施しています。また，より詳細に知りたい方のために，45分程度でより詳細な内容を解説する「ディスカバリートーク・プラス」を実施しています。

（4）科学リテラシー涵養活動を体系化する

　ここで紹介した教育活動は，博物館資料と研究者のもつ専門性を踏まえて企画・展開してきたものです。多くの博物館では，研究者が人々の

世代，ニーズ，経験，知識などを経験的に捉えて，対応しているのが現状です。

　博物館教育は，収集・保管している資料やその資源に基づく調査・研究の成果を社会に広く還元するという活動であるとともに，人々が生涯にわたり，学習し，その成果を還元してく生涯学習の機会でもあります。生涯学習社会の実現に向けて，博物館は，人々が生涯を通じて等しく利用することができる代表的な社会教育機関であることを求められ，またその教育の成果を生かす場として社会的役割を果たす必要があります。そのため博物館は，多様な学習需要に応えて，人々の要望と社会の要請を踏まえて経営することが重要です。

　従来の生涯学習機関は学習機会の提供が中心的な課題としていました。生涯学習の理念が示されたこともあり，博物館が社会的存在として，その社会的要請を踏まえ，意図をもって教育活動を体系化し，提供することが重要です。生涯学習は，個人が行う組織的でない学習ばかりではありません。学校教育や社会教育，家庭教育において行われる多様な学習も生涯学習の一環として捉えることができます。博物館は，社会教育によって生涯学習を推進，支援していき，個人の自主的自発的な学習活動を尊重しつつ，意図をもって「教育活動」を行う必要があります。博物館の意図的な教育活動においては，体系的な教育活動も重要であり，実験・観察・工作等の体験的な活動を重視し，感動から知識へという視点を大切にすることが肝要です。

　そこで一人の人に注目して，その人が生涯にわたり学習を展開できるように，博物館の教育活動を世代別に体系化することが必要です。具体的には，教育活動のねらいを対象とする世代別に体系化をして，利用者に提示することが必要です。科博で実施している教育活動に限らず，様々な施設での教育活動を生涯学習の観点から体系化することが求められています。

　科博では，2006（平成18）年に有識者の方に集まってもらい，3年間かけて「科学リテラシー涵養活動」の体系をまとめました（表Ⅲ－1）。

Ⅲ章 新たな活動を展開する

表Ⅲ-1 「科学リテラシー涵養活動」の体系

世代及びライフステージ	幼児 ～ 小学校低学年期	小学校高学年 ～ 中学校期	高等学校・高等教育期	子育て期	壮年期	熟年期・高齢期
学習が成立する環境	学校教育（教育課程に基づく発達段階に応じた基礎的な学び・豊富な博物館の学習）			学校や医療や福祉などの領域の広がり 等）／学校以外での学びとしての学びの場		
4つの目標（※1）	目標の具体的な観点（※1）	世代及びライフステージに求められる目標	世代及びライフステージに求められる目標	世代及びライフステージに求められる目標	世代及びライフステージに求められる目標	世代及びライフステージに求められる目標	世代及びライフステージに求められる目標
感性の涵養	・身近な出来事や科学に関連する話題に興味や好奇心を示す。・自分で観察したり、疑問を探究したいと思う。・科学技術の分野で働く人々に興味を持つ。・持続可能な社会を構築するために行動しようと思う。	○科学や技術に親しむ体験を通じて、身のまわりの事象の不思議さ等を感じる。	○科学や技術に親しむ体験を通して、科学に対する興味・関心や実生活との関わりを感じる。	○科学や技術に親しむ体験を通じて、科学に対する興味・関心を持ち、探究する意義を感じる。○科学や技術の有用性を感じる。○科学や技術の分野で働く人々に興味を持つ。	（子育て期）○子どもと一緒に学ぶことで、科学の有用性や科学リテラシーの必要性への意識を高める。○科学技術で社会を構築するために活動を継続的に行う。	（壮年期）○子どもと一緒に学ぶことで、科学を支えている科学リテラシーの必要性への意識を高める。○持続可能な社会を構築するために活動を継続的に行う。	○科学及び技術に対して関心と興味を持ち、積極的に情報を取り入れ、科学や技術に好奇心と興味を示す。○持続可能な社会を構築するために行動しようと思う。
知識の習得・概念の理解	・身のまわりの自然事象を科学的に説明できる。・科学技術の性質について理解する。・人間生活や技術によって変化していることが分かる。	○身のまわりの自然事象や技術の仕組みを体験的に知り、わかることを実感する。	○科学や技術に親しむ体験を通して、生活で直接関わる科学的知識を身に付ける。（※3）	○生活や社会に関わる科学技術の知識とその役割について理解を広げる。	○豊かに情報を取り入れ、生活や科学技術の知識と役割について継続的に幅広く理解を深める。	○豊かに情報を取り入れ、生活や科学技術の知識と役割について継続的に幅広く知識を身に付ける。	○豊かに情報を取り入れ、科学や技術の興味・関心に応じた知識に幅広く身に付ける。
科学的な思考習慣の涵養	・課題解決のために調べる問題を見つける。・様々な情報を収集・選択し、活用する。・疑問に対して科学的な方法を用いて追究する。・結論を導いたり、科学的な情報や考えを表現する。	○自然界や人間社会に興味・関心を持ち、事象について積極的に調査し、自分の考えを持つようになる。	○興味・関心を持った事象について、問題に関わる様々な事項について、その規則性や関係性を見いだす。	○多くの不確実な情報の中から科学的な知識について疑問を探究し、結論を導く。	（※3）	○生活及び社会上の課題に対し、科学的なことを総合的に活用し、学んだことを伝える方法を持って結論を導く。	○生活及び社会上の課題に対し、科学的なことを総合的に活用し、科学的な考え方や方法を持って結論を導く。
社会の状況に適切に対応する能力の涵養	・個人や社会の問題に対して科学的な知識を活用してリスクを含め適切に判断する。・社会の状況に応じて必要な科学的知識・能力を活用する。	○興味・関心を持った事象について、学んだことを一緒に活動できるようになる。	○学んだことを表現し、わかりやすく人に伝える。	○社会との関わりを考え、得られた知識・スキル等を実生活の中で活かす。○学んだことを職業選択やキャリア形成に関連づけて考える。	（子育て期）○社会との関わりをふまえ、学んだことを表現し、人に伝える。○学んだことを職業選択やキャリア形成に関連づけて考える。（※3）	（壮年期）（※3）	○地域の課題を見出し、その解決に向けて知識・他力を社会的に効果的に伝え、社会の状況に応じて判断する。（※3）

本体系では，対象を「幼児・小学校低学年期」「小学校高学年・中学校期」「高等学校・高等教育期」「子育て期・壮年期」「熟年期・高齢期」の5世代に分類し，科学リテラシー涵養の目標「感性の涵養」「知識の習得・概念の理解」「科学的な思考習慣の涵養」「社会の状況に適切に対応する能力の涵養」について，それぞれの世代の教育活動の指針を提示しました。

「感性の涵養」とは，感性・意欲を育む体験的な活動を通じ，科学や自然現象に対して興味・関心をもって接するようにすることです。「知識の習得・概念の理解」とは，社会における科学や技術の性質を理解し，身のまわりの自然現象や技術の働きを理解できるようにすることです。「科学的な思考習慣の涵養」とは，事象の中の疑問を見いだし分析し，問題解決のための探究活動を行ったり，様々な情報や考えを適用して自ら結論を導いたりすることです。「社会の状況に適切に対応する能力の涵養」とは，学んだことを適切に表現し，人に伝えること，社会の状況に基づいて，科学的な知識・態度を活用したり，利点やリスクを考慮したりして意思決定すること，自らのもっている知識・能力を次の世代へと伝えること等，社会への知の還元を行い，豊かに生きる社会づくりに参画することです。

例えば，「感性の涵養」「知識の習得・概念の理解」を目標に，幼児・小学生を対象に，水族館と連携して「塗り絵」をテーマにしたプログラムを実施しました。科博では，「おいしいぬりえ」として，幼児・小学生及び親子を対象に，科博の展示物で見られる様々な海の生き物の塗り絵をしながら観察するプログラムを実施しました。一方，海の中道海洋生態科学館では，「生きもの美肌コレクション」という企画展と連動して，実際に生きている海の生き物の形，体表，動き等に注目した塗り絵を実施しました。これらの活動を通じて，子どもたちが食の材料である魚介類に興味を持つとともに，食卓に並ぶ食べ物が我々と同じ生き物であることや，その特徴を生物学的な観点から理解することができたと思われます。

また，小学校高学年向けの「感性の涵養」を目標とするプログラムと

して，「ナイトミュージアム恐竜キャンプ」を行いました。児童英語教育の研究を行っている大学と共同して研究開発したもので，恐竜をテーマに英語を活用したプログラムです。小学校5，6年生を対象に，①博物館でキャンプ体験をするという非日常的な体験により，学習意欲を高め，②英語学習をきっかけにした，科学系博物館に訪問する新しい機会づくりを提案し，③科学，自然は国境がなく，国際的な観点から科学を考え直すことを目的として実施しました。夜の博物館体験は誰でもわくわくするものです。子どもたちは，巨大な恐竜の骨格展示や球体型スクリーン（360度の映像シアター）による恐竜の映像を見学したり，英語によるヒントを元に恐竜の骨の一部と展示物の恐竜の骨格を比較したり，英語による絵本の読み聞かせや展示室でのオリエンテーションをするなど，博物館の資源を活用して英語に親しんだようです。

さらに，高齢者向けプログラムでは「麦酒を片手に未来を語ろう」を実施しました（図Ⅲ-12）。2000（平成12）年に循環型社会形成推進基本法が制定され，自治体を中心に今日まで様々な取り組みが行われてきました。本プログラムでは，①先人たちが行ってきた知恵や企業が取り組んでいる環境活動から，循環型社会の歴史や背景を学び，②参加者の生活経験や体験を元に多様な視点からディスカッションを行い，③循環型社会の在り方についての考え方を喚起・啓発し，自らの考えを人に伝えられるようにすることをねらいとしました。熟年期・高齢期が嗜好品として嗜む酒。その酒の一つ，「麦酒」を導入の手だてとしました。麦酒会社と連携して，麦酒工場を見学し，製造過程から製造時に出る廃棄物を確認し，その廃棄物が様々な資源として利用されていることを知り，麦酒作り体験を通して参加者相互のコミュニケーションを図りました。次に，江戸の町を例に，日本で伝統的に行われてきた循環型社会のしくみについて講演を聞き，循環型社会の構築をテーマにディスカッションを行い発表しました。

　これらは，生活に関連した素材を科学的に観察し，理解するとともに，実生活，実社会の課題を扱うプログラムです。

図Ⅲ-12　高齢者向けプログラム 麦酒工場での体験の様子

　この体系は，一つの博物館や機関で実現できるものではありません。他の博物館・図書館・学校・研究機関・NPOなどとも連携して実現できるものです。一方，各博物館でこれまで行ってきた教育活動等をこの体系に沿って整理し，教育活動を体系化することが課題です。また，この体系は博物館側からの提案です。博物館教育では，人々の博物館を利用する能力を高めるとともに，博物館側の利用のしやすさを改善することに意義があります。人々の学習ニーズを踏まえて，人々にとってアクセスしやすい，利用しやすい体系に改良していくことも課題です。

2-4．社会の物的・人的・知的資源を活用した教育活動
(1) 学会と連携して教育活動を行う
　学会と連携して教育活動を行っている例もあります。前述のように，研究者のもつネットワークを活用して，関連学会と連携して実施するこ

とにより，科博だけではカバーできない領域に関する教育活動を展開することも可能です。例えば，日本物理学会，日本物理教育学会と連携し，小学校高学年から中学生を対象として年6回実施している「自然の不思議―物理教室」や，日本化学会関東支部と連携し，高校生を対象として年2回程度実施している「高校生のための化学実験講座」などがその一例です。学会側から見れば，研究者の学術的な成果を，科学博物館を通じて還元していくというアウトリーチ活動の一環として位置づけられます。

（2）地域・企業との連携によるサイエンススクエアを展開

　科博では，夏休みの時期に「夏休みサイエンススクエア」，冬期に「冬休みサイエンススクエア」という体験型のイベント行っています。サイエンススクエアは，子どもたちが実験，観察，工作等の活動を通して，楽しみながら学習し，科学への興味・関心を高め，理解を深めることを目的としています。いずれも大盛況です（図Ⅲ-13）。

図Ⅲ-13　体験型イベント・サイエンススクエア

このイベントは多様な体験活動で構成されていて，多くの企業，学会，大学・高等専門学校，地元の工芸関係の方々と協力して実施しています。ボランティアの参加もあり，活動の種類は50種以上，2013（平成25）年度は夏休みサイエンススクエアが2万1000人，新春サイエンススクエアが約1000人と多くの方の参加がありました。

このような体験型のイベントは，各地の博物館等が実施している「青少年のための科学の祭典」や，科学技術振興機構による「サイエンスアゴラ」など全国各地に広がりつつあります。

2−5．連携による新しい知・サービスの協創
（1）大学パートナーシップ制度で学生の科学リテラシーの向上を図る

2010（平成22）年に内閣府が行った「科学技術と社会に関する世論調査」3)によれば，科学技術に関心がある成人の割合が6割を超えています。しかし，年齢別に見ると，科学技術に関心がある者の割合は20代が一番低く，就学期間から成人段階へと移行する世代に課題があります。このような背景を踏まえ，科博では，大学と連携した「大学パートナーシップ制度」を開始しました。本制度は，博物館の人的・物的資源を活用し，科博と大学が連携・協力して，学生の科学リテラシー及びサイエンスコミュニケーション能力の向上を目的としています。

本制度では，学生数に応じた一定の年会費を納めた大学を「入会大学」としています。入会大学の学生には，次の五つのプログラムを提供しています。①常設展の無料入館（通常は600円），特別展の特別料金（600円引き）での観覧，②サイエンスコミュニケータ養成実践講座，③大学生のための自然史講座，④大学生のための科学技術史講座，⑤学芸員資格取得のための博物館実習です。②〜⑤は，入会大学の学生に対し，優先的な受け入れや受講料半額等の特典を設けています。また，大学の要望に応じて，授業利用での来館等において館の概要や展示説明等を行っています。

本制度は2005（平成17）年7月から開始され，2013（平成25）年度

1年間の利用者は延べ約5万3000人でした。学生は所属する大学が入会している期間であれば、回数制限なく何度でも利用できます。

2012（平成24）年度に、本事業の認知度や利用者属性等についてのアンケート調査を行いました。これによると、来館した学生の42%は文系専攻でした。学生の過半数が「制度を利用して来館したのは初めて」と回答し、本事業の情報源としては、知人や友人、教員の紹介といった、いわゆる「口コミ」がほぼ半数となりました。来館形態は2人で来館する割合が一番多く、来館形態や来館の男女比から、友人、男女のカップルで来館することが多いと思われます。

調査では内閣府の世論調査と同じ調査項目の質問も行いました（第Ⅰ章2-3参照）。「科学技術に関する知識の情報源」として科学館・博物館を選択した割合は、26.0%と6番目に高くなっています（内閣府の調査では科学館・博物館は4.3%で8番目）。実際に来館している学生を対象にしているので上記の結果は当然ですが、注目すべきは、科学館・博物館が科学技術に関する知識の情報源であると答えた学生の割合が、文系に多いことです（表Ⅲ-2）。理系の学生は大学の授業等で科学技術に関する知識を得ていますが、その機会が少ない文系の学生にとって、科博は科学技術に関する知識の情報源として重要な役割を果たしていると考えられます。

友人同士や、カップルで来館したり、文系学生が情報源として科博を

表Ⅲ-2　科学技術に関する知識の情報源

全体		文系		理系	
テレビ	64.4%	テレビ	68.6%	インターネット	64.7%
インターネット	60.6%	インターネット	53.4%	テレビ	60.3%
大学・学校	43.4%	新聞	31.8%	大学・学校	57.0%
新聞	29.5%	科学館・博物館	26.1%	書籍	31.4%
書籍	27.3%	大学・学校	24.0%	専門誌	29.8%
科学館・博物館	26.0%	書籍	21.0%	新聞	27.3%

位置づけたりしていることを考えると，自分の専門とはあまり関係のない形態で博物館を楽しむことができていることがわかります。このように，生涯にわたり科学を文化として楽しむ雰囲気を醸成することが，学生の科学リテラシーを向上させることにつながっていると思います。

　調査結果を受けて，入会大学の学生に対し，本事業の認知度を上げていくための試みをいろいろと行っています。来館した学生に，この事業を友人に紹介するためのカード（通称「口コミカード」）を配付したり，展示物をイラストで表現したブックカバーを入会大学の学生課など置いてもらうなど，認知度向上のための工夫をしています。また，2011（平成23）年度から試行的に実施している「見学ガイダンス」は，学生の皆さんに博物館の楽しさや面白さ，見学の仕方を知ってもらうことを目的にしたプログラムで，主に文系学生に対するサービスの一環として，入会大学の担当者からの要望もあり，新たに組み入れたものです（図Ⅲ－14）。講義や学校行事で一度科博に足を運んでくれた学生が，友人・

図Ⅲ－14　大学パートナーシップ「見学ガイダンス」の様子

知人を誘って再び来館してくれることを期待しています。各種講座等についても，こうした大学や社会のニーズをうまく取り入れることで，学生にとってより魅力的なものとなるよう，充実させていきたいと考えています。

（2）学習指導要領に対応した学習プログラムを開発する

　現行の学習指導要領では，中学校理科において博物館等の積極的な活用が新設され，他の教科においてその活用が勧められています。科博では，現行の学習指導要領が始まるのに先立ち，2007～2009（平成19～21）年度にかけて文部科学省より委託を受け，全国の科学系博物館（科学博物館，科学館，動物園，水族館，植物園）20館とともに，小・中学校で行う科学的体験学習プログラム（以下プログラム）の体系的な開発に取り組みました。

　開発にあたってのアンケート調査では，教員の大学での専攻は，小学校の「理科主任」のうち理系出身は43％，中学校の理科主任は95％が理系出身で，小学校では理科に苦手意識のある教員の割合も高いという結果でした（図Ⅲ－15）。博物館では，以前より博学連携に取り組んできましたが，博物館を活用している教員は，理科が得意な教員である場合が多かったのです。各博物館の学芸員も，経験的にレベルの高いプログラムを開発・実施していて，連携相手は博物館を活用している理科が得意な先生でした。

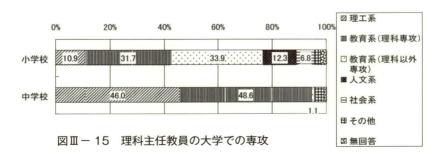

図Ⅲ－15　理科主任教員の大学での専攻

プログラム開発にあたっては，理科に苦手意識のある教員や博物館の利用経験の少ない教員を主な対象に設定しました。プログラムを教員になじみのある使いやすい形とするために，学習指導要領の教科，学年，単元と対応させ，実際のプログラムの展開例を示しました。博物館の利用経験の少ない先生がはじめの一歩として博物館を活用できるようにすることがねらいです。

　学校教育との連携は，学校の教育課程を支援するという連携だけでなく，他の連携方法もあります。博物館の有用な資源を学校を通じて社会に還元すること，学校で学んだことを博物館の展示に生かすことなどの知の循環型の取り組みも積極的に推進すべきです。

(3) 教員のための博物館の日を始める

　科学技術振興機構の理科教育支援センターが行った「平成20年度 中学校理科教師実態調査」によると，博物館等で理科について学習する機会を年に1回以上行っている学校は2割以下で，全く利用する機会のない学校が8割です。また教員が研修や研究として博物館等の情報を利用している割合は，「とても利用する」が5％，「ある程度利用する」が32％でした。博物館の利用は，学校の授業として，また教員個人の活用においても低い割合です。子どもたちに科学の不思議さ，楽しさ，学ぶ喜びを体験してもらうためには，教員自身が日頃から自発的に科学に楽しみ，親しむことが大切です。また，学校教育で博物館を活用するためには，まず教員自身が博物館に親しみ，楽しむ経験が必要です。

　そこで，科博では，教員自身が自発的に博物館に来館し，博物館を楽しみ，体験的なプログラムに参加し，博物館に対する理解を深める機会として，2008（平成20）年度から「教員のための博物館の日」を開催しています。科博では，従来から子どもたちの科学に対する理解と興味・関心を高めるため，高校生以下の児童生徒・幼児の入館料を無料にしています。教員が気楽に博物館に来館してもらうことを期待し，この日に限って教員の入館料を無料とし，ミュージアムショップ商品の1割引や

常設展の展示解説を聞くことができる音声ガイドの無料貸与等の特典を設けました。

具体的には、教員が「博物館で学べる・楽しめる」「博物館の資源を学校で活用できる」「博物館の資源を博物館で活用できる」という三つの枠組みでプログラム群を構成しました。プログラムとしては、「博物館との遠隔授業体験」「教員向けスペシャルガイドツアーの体験」「科学的体験学習プログラムの体験」「博物館利用ワークシートを活用した見学」「先生のための人類展示解説」「先生のための岩石基礎知識」「電子顕微鏡の操作体験」などが挙げられます（図Ⅲ－16）。また、千葉県立中央博物館による「学校連携事業の紹介」、東京都中学校理科教育研究会による「理科実験の基礎講座」など、外部団体の協力を得て実施したプログラムもありました。

図Ⅲ－16　科博 教員のための博物館の日「先生のための岩石基礎知識」

（4）教員のための博物館の日で地域の教育課題を共有する

「教員のための博物館の日」は，2009（平成21）年度に北海道の旭川市科学館で実施したことを皮切りに全国展開を開始し，2013（平成25）年度には全国13地域の約100施設・団体が連携し，1600名以上の教員が参加しました。

旭川市科学館で開催した際は，旭川市の動物園・博物館・科学館が協力して実施しました。一つの館だけではプログラムの多様性が弱いこともあり，他の地域においても連携して出展する方法が取り入れられています。これが幸いして「教員のための博物館の日」を契機に，地域の博物館どうしが連携するという新たな価値が加わりました。各地域で出展する複数の博物館等が，「先生」を念頭に博物館の魅力を検討し，開催方法を協議することが，地域のネットワークづくりや地域の教育課題を共有することにつながりました。免許状更新講習の一環として実施，複数館で開催を持ち回り実施するなど，開催方法は地域により多様性が見られますが，それは博物館が地域の実情を検討した結果であり，「先生目線で博物館の魅力を再検討する」という点は共通しています。また，教員の博物館に対するニーズを知る機会とするなど，博物館側のメリットにもなるよう検討がなされています。

本事業は，今後全国各地の博物館が自立して「教員のための博物館の日」を開催し，各地域独自の，学校と博物館の連携システムを構築することを目指しています。そのため，科博の方法にこだわらずに，理科の教員に限らず，科学系博物館に限定せず，各地域の教育的課題を共有する場として開催を支援してきました。その結果，地域の博物館や教育機関の連携にまで話を広げることができました。2012（平成24）年度からは，科学系博物館以外も参加しやすいように，日本博物館協会の共催を得て実施しています。活動は上野地区においても広がりつつあり，2013（平成25）年度の「教員のための博物館の日」には，国立国会図書館子ども図書館，国立西洋美術館，東京都美術館，上野動物園等と連携して，ブースの出店，ガイドツアー，無料入館などの連携プログラム

を提供していただきました。

　各地の博物館において「教員のための博物館の日」の企画段階から，教員と学芸員が協力して参画することを通じて，ミュージアムリテラシーを互いに高め合い，学校と博物館をつなぐ人材となって博学連携を推進していくことが望まれます。未曾有の大震災を経験し，人と人，地域社会をつなぐことの重要性が改めて認識されました。先生方が地域の資源を活用し，地域社会とつながる知識とスキルをもって授業を展開すること，それが，子どもたちに広い視野と実社会・実生活に即した能力・態度を育むことにつながります。先生方が地域の資源をつなぐ人材として活躍することを期待します（図Ⅲ－17）。

図Ⅲ－17　学校向け事業の紹介ブース（大阪市立自然史博物館）

2-6. 課題
(1) 展示に潜むメッセージを表現し，伝え，対話する

　かつてジョン・デューイが「教育理論の歴史は，教育というものが内部からの発達と外部からの形成と捉える2つの考え方の対立関係によって特徴づけられる」と指摘したように，どの立場で教育を捉えるかが重要です。これを博物館における教育事業にあてはめると，前者は教育活動に主体的に取り組んでいく来館者の立場で，後者は提供する博物館側の教育活動を意味します。

　例えば，博物館は他の施設にはない展示という教育の手段をもっています。展示は，博物館において教育目的をもって資料を公開し，研究成果を発信する方法として最も効果的な方法の一つです。

　「資料は人と出会って初めて展示となる」と言われるように，博物館の展示は，人との相互作用によってその教育的機能を発揮します。「資料」とは博物館資料のことを意味し，「人」とは展示を企画・製作する学芸員と展示を観覧する来館者を意味します。自然物や社会にある事物は学芸員と出会うことにより，その学術的意義が付与され博物館資料となり，人々に理解してもらいたいメッセージが込められ，ストーリーに基づいて配列されて展示資料となります。展示に込められたメッセージは来館者へ伝えられます。

　展示資料は来館者と出会うことにより，様々な解釈がなされます。来館者は，自分の体験や思い出を回想できる展示を探し，その前で記憶を呼び起こし，一緒に来た家族や友人と対話をしたりして，展示物に自分なりに意味づけをして帰ります（図Ⅲ-18）。また，来館者の要望等を学芸員が受け止め，必要に応じて展示内容や解説パネルを改良することもあります。

　このように博物館教育は，博物館から来館者への働きかけとしての「教育」メッセージと，来館者の主体的な「学び」という両側から考えることができます。両方の観点を配慮しながら展示・教育活動を企画・実施していくことが重要です。

Ⅲ章　新たな活動を展開する

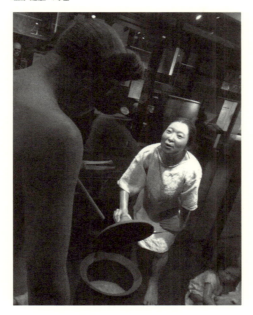

図Ⅲ-18　ブログに投稿された来館者の展示物に対するコメント
～展示を活用した教育活動の事例から～

（2）中高生向けの教育活動の在り方

「科学リテラシー涵養活動」の体系化を行い，全国の科学系博物館の現状を調査しました。その過程で，世代別の課題が見えてきました。幼児については，先進的な博物館で取り組んでいるものの全体としては低調です。学齢期向けの教育活動は，多くの博物館で実施されていますが，小学生が中心で中高生のみを対象とした活動は少ないようです。大学生に関しては，前述したとおり，科博は「大学パートナーシップ制度」を設けて，理系・文系を問わず学生の科学リテラシーの向上を図っていま

す。さらに，壮年期や高齢期向けの教育活動も開発する必要があります。

　中高生になると理科の内容が高度になり，実験や観察などの体験的な取り組みよりも，抽象的な講義が多くなるのも要因かもしれません。さらには，社会に対して広い視野で人生を考えるようになり，博物館に関心を示すことは少なくなると思います。中高生をどのように博物館に来館してもらうかというのが全国的な課題です。

　日本の中高生は理科の学力やPISA（OECDの加盟国を中心とする15歳児の学習到達度に関する国際比較調査）の科学的リテラシーの能力が世界トップレベルであるにもかからず，理科に対する興味・関心は低い状況です。しかも小学生から中学・高校と学年が高くなるにつれて，興味・関心が低くなり，20代が最も低くなっているという結果もあります。これは科学リテラシーの中で，自然や科学に興味・関心を持つという基礎的な能力に関することであり，根源的な課題だと思います。

　博物館から一方的に提供される，受動的なイベントでは中高校生には魅力がないようです。例えば，「青少年のための科学の祭典」では，高校生が指導教員と一緒になって体験ブースを出して，参加する小中学生を指導する場面が見られます。学校教育・部活動の一環として指導教員の影響が大きいのでしょう。高校生が主体となって実施している点が魅力になっているのでしょう。また，同世代の活動や行動に興味をもっていて，その友達の影響もあると思います。アメリカの博物館では，高校生が展示解説活動を行う場面があります。そこでは，学校との連携でキャリア教育の一環で，ボランティアの単位認定やアルバイト代を出していることもあります。中高生の博物館活用を促すには，学校教育の一環としての位置づけや実利的なメリット（単位認定，成績，学校推薦に使える，アルバイト，キャリア教育等）も有効です。

　中高生が提供者側になって主体的に取り組めるような教育活動として，科博は中高生向けの継続的なアフタースクール活動を実施しました。他館でもそういった教育活動を行っているところもありますが，全体の３割程度です。各地の博物館ではその必要性を認識してはいますが，参

加者数が少なく,効率化が求められる経営環境の中で苦労しているようです。

　SNS(ソーシャルネットワーキングサービス)を活用した情報発信・広報活動を通じて中高生の興味・関心を高めることも考えられます。例えば,中学高校の新聞部などに取材材料を提供し,記事として書いて広めてもらうことで,中高生に博物館の活用事例を認識してもらうことができます。また,中高生が進路を考えるにあたり,キャリア教育に関する教育活動を考えていく必要があります。さらに,特別展の教員向け内覧会のように,中高の教員へのアプローチも重要です。

(3) 継続的な教育活動を実施するうえでの課題

　「科学リテラシー涵養活動」の状況について,全国的な調査では,世代の中で幼児や高齢者向けの教育活動,目標別に見ると「科学的な思考習慣の涵養」や「社会の状況に適切に対応する能力の涵養」の教育活動が少ないということがわかりました。特に「科学的な思考習慣の涵養」は科学リテラシーの中核的な能力です。この能力は,日本の「学力の3要素」,PISA等の国際調査に取り入れられている「キー・コンピテンシー」,文部科学省で議論されている「21世紀型能力」等において主要な能力とされています。

　「科学的な思考習慣」や「社会の状況に適切に対応する能力」を涵養するためには,年に複数回博物館を利用する継続的な学習プログラムが有効です。しかし,継続的な学習形態を実施している館は必ずしも多くありません。連続講座を実施している館の割合は全体の30％で,講座内容別に見ると,自然史系5％,理工系8％,総合3％,全体6％です。聞き取り調査からは,「科学的な思考習慣の涵養」「社会の状況に適切に対応する能力の涵養」を目標に含む学習プログラムについて,「継続学習の事業も重要であるが,手間がかかる,参加人数に制限があり,特定の人に限定したものと受け取られてしまう」等の意見がありました。「科学的な思考習慣の涵養」と「社会の状況に適切に対応する能力の涵養」

に分類される学習プログラムは継続的な形態が多く，手間がかかるために，実施する館や事業数は少ない割合になると推測されます。さらには，「科学的な思考習慣を涵養するには，少人数を対象に長期の事業を行う必要があり，費用対効果という面で予算が厳しい博物館運営では優遇されにくい」といった博物館の課題も明らかになりました。

（4）対話型データベースを開発する

　全国の科学系博物館での科学リテラシーの涵養に資する学習プログラムを充実させるためには，「科学的な思考習慣の涵養」「社会の状況に適切に対応する能力の涵養」を目標とした継続的な学習プログラムの開発・実施と，それを支える人的物的資源が不可欠です。また，その効果的・効率的な開発・実施のためのノウハウの蓄積とその普及が重要です。そのためには，学芸員の研修や博物館間での学習プログラムの共有などが必要です。例えば学習プログラムの共有に関しては，現在展開されている学習プログラム情報を分析し，データベース化し，全国の科学系博物館が共有し，学習プログラムの改善に役立てる仕組みが有効です。学芸員がこのデータベースを活用し，他館の学習プログラムを参考にするなど，「科学リテラシー涵養活動」の開発のためのポータルサイト機能の充実が図られることが期待されています。

　科博では，科学研究費補助金により全国の科学系博物館と連携して，科学リテラシー涵養活動の体系に基づく教育活動の開発を行ってきました。これまでに開発した教育活動と各博物館の既存の教育活動を科学リテラシー涵養活動の体系の中に組み入れ，データベースの構築を行いつつあります。これらの情報が学芸員間で共有されることにより，よりよい活動の企画・改善・実施が可能となります。

　博物館の利用者は，データベースを活用することで全国各地の博物館の教育活動を確認することができます。そして，博物館の活用が促進することが期待されます。さらに，利用者からのニーズや意見を受け入れることができる，双方向性のある対話型のデータベースの構築を目指し

ています。これによって博物館の効果的利用方法や数種類の博物館を組み合わせた活用事例の提案など，博物館側が気付かない新たな博物館の活用価値の創造が期待でき，課題とされている，人々が利用しやすい体系に改良するヒントが得られます（図Ⅲ－19）。

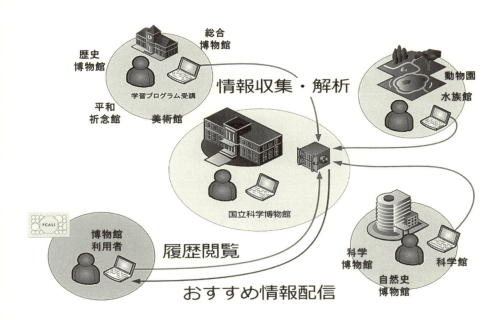

図Ⅲ－19　対話型データベースの概念図

（5）社会的な課題に対する教育活動の在り方

　大学の活動として教育，研究と並び社会貢献が重要な柱となっていることに端的に示されているように，あらゆる施設がその人的物的資源を有効に活用して，社会に直接役立つ活動をすることが期待されています。科博で教育活動を行うにあたり，まず身近な自然科学的事象について「なぜ」「どうして」と問うことから始まります。このことは，人々にとって身近な地域社会の課題に「なぜ」「どうして」と向き合う姿勢に通じます。博物館が地域社会の課題を掘り起こし，人々とともにこれに取り

組み，解決を図ることは「なぜ」「どうして」に応える博物館として重要な活動と言うことができます。

　一方，個人と社会との関係性を再検討し，一人一人が豊かな人生を送ることができるような社会の在り方を考える必要があります。例えば，環境，人口，エネルギーなどの諸問題に適切に対応し，持続可能な社会を築くことは重要な課題です。そのためには，一人一人が自然や生命に対する知識と理解をもち，これを大切にする気持ちをもつことが重要で，子どもの頃から自然や生き物に触れる体験を積み重ねることが必要です。博物館は，生涯学習の観点から標本資料や展示・教育活動を通じて，このような機会を提供しており，持続可能な社会の実現に向けて博物館の果たす役割への期待は大きいと考えます。

　また，地域の課題を共有することから新たなサービスを創出する教育活動を考える必要があります。例えば「教員のための博物館の日」は地域における教育課題を博物館・学校・教育委員会などで共有し，各地で特色ある自立した事業を展開しています。このように博物館が社会との関係性を強化し，社会の文化化を進める中で，博物館には地域社会の中核として，地域社会の課題解決に貢献できる活動を求められます。博物館の使命を踏まえて，標本資料の収集・保管，調査・研究，展示・教育活動の機能を積極的に活用して，直接社会に役立つ活動をすることが，博物館の存在意義を高め，社会との結びつきを強めることになります。

3. 自然史・科学技術史に関する中核的研究機関の役割

3-1. 研究機能を充実させる
(1) 科博研究機能の発展を振り返る

　博物館も大学も研究を行います。両者の研究体制や研究内容には似ている点もありますが，異なる点もあります。自然科学に関する大学の研究の多くは実験的手法に立脚しています。実験科学が中心となっているので，実物の標本資料を用いる研究者は非常に少なく，大学という機関として，標本資料を次世代に引き継ぐ体制が不十分です。また，大学では教授が定年等で交代すると，研究室の研究内容が大きく変わることがあります。これに対して，科博の研究者は実物の標本資料を研究材料にしています。そして，特定の分類群や研究課題を長期にわたって，複数の研究者が研究することも珍しくありません。さらに，標本資料を収集し，保管・管理して，科博の研究に役立てるばかりではなく，国内外の研究者が利用できるよう　にしています。

　しかし，科博の研究体制が発足当初から整っていたわけではありません。残念ながら，戦前の科博は，欧米の科学系博物館と比べると大きく立ち後れていました。科博が国立博物館として，自然史科学研究センターになったのは1962（昭和37）年のことでした。同年4月に自然史科学研究センターとしての機能が科博に付与され，研究体制が強化されました。1972（昭和47）年3月には新宿分館が完成し，自然史研究部門が上野から新宿に，同年4月に移転しました。また，同年5月には人類研究室が新設され，1974（昭和49）年には人類研究室が人類研究部となりました。1970年代になって，ようやく欧米の科学系博物館と同様の研究体制が整ってきたのです。さらに，1983（昭和58）年には，つくば地区に筑波実験植物園が開園し，生きている植物を用いた総合的な研究を行う体制が整いました。1994（平成6）年には理工学研究部が上野から新宿に移転して，自然科学に関する総合的な研究体制が構築されました。

研究体制の整備はさらに進み，2002（平成14）年には産業技術史資料情報センターが設置され，2006（平成18）年に全館の標本資料の収集・管理・活用の中心となる標本資料センターとDNA資料と標本資料を統合的に収集・管理・活用するための分子生物多様性研究資料センターが設置されました。そして，新宿地区が狭隘となったため，2012（平成24）年にすべての研究部・センターと標本資料がつくば地区に移転して，研究機能が集約され，従来の研究を引き続き発展させるとともに分野横断的な研究を推進する体制が整ったのです。

（2）自然史・科学技術史研究を推進する

　科博は自然史と科学技術史に関する研究を進めています。自然史や科学技術史の研究は，標本資料がなければ成り立ちません。では，自然史や科学技術史の研究とは，具体的にどのようなことをするのでしょうか。自然史研究も科学技術史研究も「史」という言葉が示唆するように，生物（化石となっている古生物も含む）や岩石・鉱物，そして人工物の形成過程，つまり，生物や地球の歴史や進化，そして人工物の形成に関わる科学や技術の歴史を研究します。しかし，自然史や科学技術史の研究分野は進化や歴史のみに留まるわけではありません。現存する生物や岩石・鉱物，人工物の存在それ自体を客観的に記述し，地球上に存在するこれらのモノに関する研究を行うことも大切です。その基盤となるのは，生物や岩石・鉱物，さらには人工物を分類し，整理し，まとめる作業です。こういった「分類学」が自然史や科学技術史の基盤となっていると言えるでしょう。

　このような研究分野は我々人類を取り巻く環境や人工物を理解するために欠かせませんが，国内外の大学や研究機関では衰退しつつあります。その一方で，生物多様性や地球環境の危機が叫ばれており，その状況を理解するためには分類学や生物多様性研究，自然史研究が必須だと言われています。科博が推進している自然史や科学技術史に関する研究は，現在の世界の要請に応えるものだと言えます。残念ながら大学や他の研

究機関では，このような研究を行っている研究者も研究組織も減っています。

　科博は豊富な標本資料を所蔵し，標本資料情報をデータベース化して研究に活用していますが，同時に展示や学習支援活動に役立てています。また，標本資料のデータベースや常設展示物のデータベースはホームページに掲載され，館外の研究者や一般の人たちに利用されています。さらに，科博の研究者はデータベース化された生物多様性情報を活用して，国内の生物多様性の高さを示す立体的な地形図を作成する研究も行っています。このような活動に基づいて，生物多様性条約第10回締約国会議（COP10）が開催された2010（平成22）年には「日本の生物多様性とその保全」という企画展を開催し，COP10会場でも展示しました。この展示はCOP10参加者をはじめとして，多くの人たちから高い評価を受けました。

（3）研究における中期的視野と長期的展望を定める

　科博が進めている自然史と科学技術史に関する研究は基礎的研究であり，標本資料に基づいた，継続的な活動を必要とする分野です。一方，科博の研究者は大学の研究者と同様に，自らが興味をもっている研究対象に焦点を当てて研究しています。このようなやり方は基礎研究を行っている国内外の研究機関に共通して見られることです。研究をいつまでに完了させるかという一律的な制限はありません。研究者の自由な発想を尊重するからです。

　しかし，科博の研究者がグループを形成して研究することもあります。また，独立行政法人化後，明確な目標と研究期間（5年程度）を設定した総合研究も行われています。総合研究の場合には，例えば「生物の相互関係が創る生物多様性の解明」という共通の研究タイトルを決めて，そのタイトルと研究目標に興味をもった研究者がグループを形成し，5年という期間を設定して研究を進めています。「生物の相互関係」という言葉からわかるように，特定の生物を研究するのではなく，多くの生

物の相互関係を明らかにし，その関係が生物多様性にどのように関わっているかを解明することが目的です。

　総合研究のテーマは，科博の使命や科博の特性を考慮して決定されています。自然史や科学技術史に関する研究の現状や社会の状況を検討すると，科博が実施すべき研究課題が浮かび上がってきます。総合研究の計画立案の際には，生物多様性研究のように，社会から求められているテーマや科博でなければできないテーマ，また，科博の研究者の特徴を生かせるテーマを選んでいます。このような研究は一人の研究者だけでは実行することができません。また，ある程度の予算規模がないと実施不可能です。そのため研究者のグループを結成し，マンパワーや研究のノウハウ，そして経費を集中して実施しています。総合研究は，中期計画に沿って立案され，中期的視野に立った研究と言えるでしょう。

　一方，もっと長期の展望をもった研究も必要です。例えば，日本の生物多様性変遷の研究や生物の大きな分類群の系統関係や分布を明らかにする研究，あるいは日本の産業技術史資料の長期間にわたる調査・研究等は5年程度では達成できません。かなり長期の継続的な研究が必要です。ただ，このような研究を進める場合でも，節目毎の研究目標を明確にしておく必要があります。

（4）研究グループ制を組織する

　科博の研究組織は時代の移り変わりとともに変遷を遂げてきました。1949（昭和24）年に科博が設置された時点では，学芸部があったのみで，「研究部」は存在していませんでした。1962（昭和37）年になると，科博は自然史科学研究センターと位置づけられ，研究体制が強化されました。その結果，学芸部が第一研究部と第二研究部に改組され，1966（昭和41）年に第一研究部と第二研究部は動物研究部，植物研究部，地学研究部及び理工学研究部になりました。さらに，人類研究室が1972（昭和47）年に設けられ，1974（昭和49）年に人類研究部へと改組されました。このように科博の研究部は時代を追って成長しましたが，研究部

内は「研究室」単位の組織編成となっていました。研究室は基本的に研究対象によって決まっていました。例えば，当時の動物第一研究室は四肢動物の研究室であり，動物第二研究室は魚類の研究室でした。研究対象に基づいた研究組織には合理性もあったのですが，個々の研究室を超えた研究を実施するためには問題がありました。あらゆる組織に見られることですが，時代の移り変わりとともに，新たな体制が求められるようになります。科博の研究部も例外ではありませんでした。

20世紀末から21世紀にかけて，地球環境や生物多様性の保全，科学研究のブラックボックス化が大きな課題となりました。このような課題を解決するためには，様々な分野の研究者が力を合わせる必要があります。科博も時代状況を考慮して，独立行政法人化後に研究組織の見直しを行いました。2007（平成19）年に研究室体制が改められ，研究グループ制が発足しました。それぞれの研究室に所属する研究者は少数でしたが，研究グループには研究室の2倍の研究者が所属することになりました。そのため，研究対象の枠組みを超えたグループができあがり，研究分野を超えた横断的な研究を実施できるようになりました。分野横断的な研究を促進するため，研究グループや研究部を超えた研究プロジェクトが提案されるようになり，複数の研究部の連携による研究が行われるようになったのです。

（5）館外研究機関との連携を強める

科博は60人の研究者を擁する研究機関です。科博の研究部は大学とは異なり，持続的な活動を必要とする生物多様性や分類学，自然史，科学技術史等の研究を行っています。しかし，科博の研究者の数は決して十分ではありません。動物研究部と植物研究部にはそれぞれ16人前後の研究者が所属していますが，すべての動物や植物の分類群の専門家がいるわけではありません。無脊椎動物を例にとると，科博に専門の研究者がいない分類群が多数あるのです。地学研究部や，人類研究部，理工学研究部にも同様のことが言えます。このため従来から館外研究者と共

同して様々な研究を進めてきました。特に分野横断的な総合研究においては，国内の研究者ばかりではなく，海外の研究者も研究に参加して，共同研究を推進しています。館外研究者と共同研究を進めることによって，単独では不可能な研究プロジェクトを実施することができます。

　共同研究は同じ学問領域に留まるとは限りません。21世紀になってから，生物学と工学という異分野間の共同研究が行われるようになってきました。例えば，バイオミメティクス（生物模倣）という学問分野が登場しました。生物の構造や仕組みを研究して，人類の役に立てようとする試みです。バイオミメティクスはドイツをはじめとする西欧諸国で急速に発展し，日本は後れをとっています。この状況を打破するため，科学研究費による大型プロジェクト「新学術領域 生物多様性を規範とする革新的材料技術」が2012（平成24）年度から5年計画で始まりました。この大型研究プロジェクトには動物研究部の研究者が参加しています。このプロジェクトの特徴は，工学系と生物系の研究者のチームワークによって新たな材料技術やシステムを開発することです。この研究を進めるためには，生物の体表面の微細構造や内部構造を観察する必要があります。大量の生物標本を収蔵しているのは，自然史系博物館です。科博に保管されている昆虫標本や魚類標本等が，生物学ばかりではなく，工学の研究資源となっているのです。科博の研究者は標本資料を電子顕微鏡やX線CT装置等を用いて解析し，工学系研究者との共同研究に取り組んでいます。

（6）研究資金の効果的運用と獲得に努める

　科博は自然史や科学技術史という基礎研究を行う研究機関です。科博の研究は，文部科学省から交付される運営費交付金と科学研究費補助金（科研費）等の外部資金によって推進されています。運営費交付金によって行われている科博の研究は，基盤研究，総合研究及び館長支援経費による研究に分けることができます。基盤研究は科博の研究の基礎体力とも言える研究であり，個々の研究者が中期計画や長期展望を勘案しなが

ら推進しています。総合研究は複数の研究部をまたがる分野横断型の研究で、5年程度の研究計画を立案し、ある程度まとまった研究経費を傾注して行われています。館長支援経費は、博物館で行うべき萌芽的課題や国外の博物館などと連携して明確なテーマを設定した研究などに充当されています。

　しかし、運営費交付金のみでは様々な研究を推進するのは困難です。そのため、科博の研究者は日本学術振興会や文部科学省の科研費をはじめとした政府省庁の研究助成金（環境省の地球環境研究推進費や厚生労働省の研究助成金等）や民間の研究助成金に応募して研究費の獲得に努めています。外部資金の中でも科研費は最も重要な研究資源です。また、科研費の採択率は研究機関の評価基準になっているので、科博の研究者は科研費を獲得するために様々な工夫と努力を続けています。その結果、科博の科研費の採択率は全国平均を上回っています。これは科博の研究部が優れた研究を行っている結果だと言えるでしょう。

　大学では研究費獲得の一環として、外部に寄付を求めています。科博は様々な活動を推進するために賛助会員制度や施設使用料制度を設けていますが、研究を目的とした寄付活動を始めています。ただし、寄付金による研究を進める場合には、運営費交付金による活動との整合性を慎重に検討する必要があるでしょう。また、寄付金による研究や組織が既存の研究組織の研究内容や目的に照らしてどのような位置づけになるかを明瞭にしておくことも重要です。

3－2．つくば移転によって研究機能を充実する

　科博の研究部は2011（平成23）年度に新宿からつくばに移転しました。同時に日本橋にあった産業技術史資料情報センターもつくばに移転しました。この結果、科博のすべての研究機能がつくばに統合されました。つくば移転前には新宿分館に動物研究部、地学研究部、人類研究部、理工学研究部、標本資料センター及び分子生物多様性研究資料センターがあり、植物研究部と筑波実験植物園はつくば市にありました。このた

め研究部間の連絡には不便がありました。電話や電子メールで連絡ができるとは言っても，研究上の打ち合わせを円滑に行うためには，やはり顔を合わせて議論する必要があります。研究者が新宿，日本橋，つくばの三ヵ所に分かれていたことは，科博の研究機能にとって問題となっていたのです。特に近年は生物多様性や地球環境問題に象徴されるように，様々な分野の研究者の共同研究が必要になる場合が増えています。

　つくばに自然史標本棟と総合研究棟が新築され，すべての研究機能が一ヵ所に集まったことにより，分野横断型の総合研究を円滑に行えるようになりました（図Ⅲ－20）。

　また，新宿分館の標本室が手狭になっていたため，分館内で同じ分類群の標本資料を複数の標本室に分散して保管するようになっていました。このため科博の研究者はもちろんのこと，科博を訪問する研究者にとっても不便な状態が続いていたのです。つくばに新築された自然史標本棟は，大きな標本室に設置された移動棚等の先進的な保管施設を有し

図Ⅲ－20　筑波研究施設の空撮写真

ています。そのため，大量の標本の中から必要とする標本を速やかに検索することができるようになりました。また，理工資料棟も改築され，従来，分館とつくばに分散して収蔵されていた理工資料もつくばに統合されました。つくば移転によって，標本資料の統合的で適切な管理・活用が飛躍的に前進したのです。

　新宿及び日本橋からつくばへの研究機能と標本資料の移転は2011（平成23）年7月に始まり，翌年の3月に終了するという大事業でした。9ヵ月という長い時間と多くの経費，そして多くの研究者や事務職員，さらに運搬業者のマンパワーを要した移転作業でしたが，研究部がさらに発展する機会をもたらしてくれたと言えるでしょう。

3−3．社会における科博の研究の意義を検討する

　科博は自然史や科学技術史の研究を進めています。これらの研究は社会の役に立つ応用研究とは異なり，すぐに役に立つようには見えません。なぜなら基礎研究は自然や人類自身に関する知的好奇心に基づいているからです。しかし，基礎研究も社会との関わりなしに行われているわけではありません。科博の動物研究部や植物研究部は生物多様性や分類学，生態学，進化学の研究を行っています。人類研究部は日本人の成り立ちや人類全般の進化について研究しています。地学研究部は地球そのものや絶滅した化石生物を対象にした研究を進めており，地球史や生命史を明らかにしようとしています。理工学研究部は日本の科学技術史を研究することによって，現在の科学技術がどのように発展してきたかを明らかにしようとしています。

　これらの研究がなければ，私たちの科学的知識は発展しません。また，生物多様性の解明や地球環境の変遷と現状を理解することもできません。20世紀末から21世紀初めにかけて，生物多様性や地球環境の危機について社会的関心が高まってきました。しかし，その一方で，生物多様性や地球環境に関する知識が不十分であることも指摘されています。例えば，地球上に生存する生物種は約860万種と推定されていますが，

これまでに報告された生物種はわずか175万種に過ぎません。また，どのような生物がどこに分布し，どのような生活を送っているかについても我々の知識は限られています。知らないものを守ることはできませんし，適切に活用することもできません。科博が進めている基礎研究は遠回りに見えますが，社会の役に立つ道を開拓しているのです。

また，科博が進めている研究によって，従来とは異なる日本の生物多様性の姿が明らかになった事例があります。科博は日本の生物多様性のホットスポットに関する研究を総合的に進めてきました。この研究の一環として，日本に固有な維管束植物がどのように分布しているかを科博の標本データベースやサイエンスミュージアムネット（S-net）の自然史標本データベースを活用して研究しました。その結果，琉球列島や小笠原群島などの島嶼部と南アルプスや大雪山系などの高山地帯に維管束植物の固有種が多く見いだされたのです。その結果をわかりやすく示すため，研究結果に基づいて立体的な生物多様性地形図を作成しました（図Ⅲ－21）。生物多様性地形図を見ると，国立公園や国定公園が固有植物の多い地域と必ずしも一致しているわけではありません。生物多様性のホットスポットに関する研究の結果が，環境政策の見直しを示唆しているのです。

図Ⅲ－21　日本の固有維管束植物の生物多様性地形図

3－4．研究部から社会へ発信する
（1）インターネット社会における研究成果の発信

　自然史や科学技術史を研究している人たちは，科博に研究組織があることを知っています。しかし，一般の人たちが「科博」という言葉から連想するのは，上野公園の中にある恐竜や大型の哺乳類等を展示している「組織」です。残念ながら科博が研究部を有していることや，大量の標本資料を収蔵していることは，一般の人たちにはあまり知られていません。その一方，多くの人々は大学の具体的な研究内容を深く知っているわけではありませんが，大学を「研究する組織」だと認識しています。

　科博の研究者は大学の研究者と同様に多くの学術論文を発表しています。動物研究部や植物研究部の研究者は毎年，多くの新種も発表しています。また，科博のホームページにも研究部の紹介ページがあり，個々の研究者の紹介ページもあります。では，どうして科博の研究活動があまり知られていないのでしょうか。いくつかの理由が考えられます。表に見えている科博の活動は，展示や観察会，講演会です。つまり，科博の研究内容は外から見えにくいのです。さらに，テレビや新聞等のマスメディアが科博を取り上げるときも「展示をする組織」という側面に力点を置いています。また，研究機能をもつ日本の自然史系博物館や科学系博物館の歴史が浅いことも指摘しておく必要があるでしょう。

　この状況を改善するためには，科博の研究活動や研究成果を外部へ発信することが大切です。研究者は研究論文や本を書けば研究業績として認められるのですが，科博という組織的な観点から見れば出版だけでは不十分です。もっと積極的な情報発信が必要です。最善の方法はインターネットの活用であり，見やすく，使いやすいホームページの構築です。科博のホームページには，研究者紹介のページがあり，そこには研究業績が示されていますが，一般の人たち向けの内容とは言えません。科博の研究活動を画像やわかりやすい解説によって紹介するページが必要です。また，生物多様性や生物の分類，生物の特徴を解説したページ，さらに科学技術史に関する解説ページも必要でしょう。科博の研究者や研

究広報を担当する人たちが研究に関する解説ページを構築すれば，マスコミ関係者を含む多くの人たちの関心を呼び，科博の研究活動を多くの人たちに知ってもらうことができます。

（２）一般社会との双方向的連携を図る

「象牙の塔」という言葉に象徴されるように，研究者の世界は一般社会とは隔絶した存在だと考えられてきました。しかし，インターネットやデータベースの登場によって状況は一変しました。大学や研究機関がホームページを通じて，一般の人たちに研究成果を発信するようになったのです。また，生物多様性や地球環境の危機が叫ばれるようになり，研究者の力だけでは地球の現状を把握するためには不十分だと言われています。市民科学者（citizen scientists）と呼ばれる人たちが様々な研究に参加したり，生物多様性や地球環境の調査活動に参加したりするようになりました。このような市民参加型の研究の中核として，自然史系博物館が注目されています。多くの人たちが博物館を訪問し，観察会や講演会に参加しているので，博物館には市民参加型の研究を担う基盤があります。

すでに先駆的な活動例があります。野生絶滅したコシガヤホシクサを筑波実験植物園で保全して，野生復帰させたプロジェクトは高く評価されています。このプロジェクトは科博やNPO，一般の人たちの連携によって実施されてきました。また，科博のホームページに掲載されている世界最大の魚類画像データベース（魚類写真資料データベース）は，一般のスキューバダイバーが提供した魚類の画像で構成されています。現在，魚類写真資料データベースには9万件の画像が収録されていますが，毎年，ほぼ5000件ずつ増加しています。今後，科博が努力すれば，多くの研究分野で社会と双方向的連携を行えます。インターネットは双方向的連携の重要なツールとなるでしょう。

すでに一部の生物について行われていることですが，生物の観察情報を一般の人たちから提供してもらうことができます。研究者の数は限ら

れていますが，一般の人たちが参加すれば様々な生物の分布情報が明らかとなります。双方向的連携を行うと，科博の研究者は分布情報を得ることができ，一般の人たちは科博の研究者から生物に関する情報（学名や和名等）を得ることができます。双方向的連携を成功させるためには，双方にメリットがある仕組みを作ることが大切です。インターネットが普及し，コンピュータの能力は向上しているので，従来できなかった画期的な研究を展開できる可能性は高いのです。

（3）研究施設を公開する

　科博の公開施設というと上野の展示を思い浮かべる方が多いことでしょう。しかし，科博はつくば市と東京都港区白金台にも公開施設をもっています。つくば市にはつくば実験植物園があり，白金台には附属自然教育園があります。公開施設以外の科博の施設は通常公開されていませんが，4月中旬の日曜日には筑波研究施設を公開しています。研究室や標本室をはじめとする研究施設は研究活動の拠点であり，適切な管理をする必要があります。専門的な知識をもたない人にとっては危険な薬品（例：ホルマリン）も置いてあります。標本室には貴重な標本資料が保管されているため，温度と湿度を一定に保っています。また，動物や植物，菌類等の生物標本に損傷を与える害虫の侵入を防ぐため，標本室への出入りは厳重に管理されています。さらに，害虫駆除のため標本室の燻蒸も行っています。このような事情があるため研究施設や標本室を公開していないのです。

　しかし，科博の研究活動を広く知ってもらうためには，一般の人たちに研究施設や標本室を見てもらうことも必要です。研究施設や標本資料の適切な管理に支障が生じないように配慮しながら，筑波研究施設を4月の日曜日に公開しているのです。公開日には研究者が講演会を行ったり，標本の解剖をしたりしています。また，標本室を見て回るツアーも行っています。普段は決して見ることができない多くの貴重な標本を見ることができるため，公開日には多くの人たちが科博を訪れます。公開

日を増やせば，さらに多くの人たちに科博のバックヤードを知ってもらうことができます。しかし，公開日を増やすことは標本の適切な管理を考慮すると難しいのです。

　この課題に対処するため，筑波研究施設の自然史標本棟1階に見学スペースを設けました。筑波実験植物園に入園した人は，自然史標本棟の見学スペースに入ることができます。見学スペースに入ると，1階の大型動物標本室を大きなガラス窓を通して見ることができます。大型のクジラやゾウ等の大型動物の骨格が並んでいます。また，見学スペース内にはディスプレイが配置され，自然史標本棟内に収蔵されている標本資料の紹介ビデオと科博の活動の紹介ビデオを見ることができます（図Ⅲ - 22）。

図Ⅲ－22　自然史標本棟1階の見学スペース

4．標本資料の収集・保管・活用

　科博は動物，植物，菌類，岩石・鉱物，古生物（化石），人骨等の標本と科学技術史資料を網羅的・系統的に収集・保管し，調査・研究を進めています。これらの標本資料は標本資料センターを中心として，各研究部の研究者によって収集されていますが，同時に館外から多くの標本資料を受け入れています。当館には多くのタイプ標本が含まれており，日本のナショナルコレクションを構成しています。収集された標本資料はデータベース化され，標本・資料統合データベースとしてインターネットを通じて公開されています。科博の標本資料は館内の調査・研究に使用されるだけではなく，国内外の研究者に広く活用されています。

4－1．標本資料の収集・管理・活用を統合的に推進する

　標本資料センターは，研究部を横断して標本資料の収集体制と保管体制を確立し，効果的な活用を図るため2006（平成18）年に設立されました。標本資料センターは，科博が保有する自然史標本と科学技術史資料の統合的な管理と標本・資料統合データベースの充実に努めるとともに，ナショナルコレクション構築の基本方針の策定やコレクションの収集・保管体制の整備を進めています。また，館内に専門研究者のいない分野に関して，外部の研究者に標本資料の充実を依頼するコレクション・ビルディング・フェローシップを実施しています。寄贈標本に関しては，その資料的価値を評価し，基準に合うものを積極的に受け入れています。研究部の調査・研究に加えて，上記の活動を行った結果，2013（平成25）年末現在で，科博の標本資料は登録されているものだけで414万点を突破しました。標本・資料統合データベースが構築され，公開されたことによって，科博の内外の研究者が科博の標本資料を容易に検索できるようになりました。今後は，このデータベースを活用してコレクション構築を戦略的に行う必要があります。

　また，標本資料センターは，科博を含む9館の自然史系博物館と連携

して，散逸の恐れのある自然史標本の適切な保管に向けた標本セーフティネットを構築しました。科博単独では，大学や個人が所蔵している標本資料をすべて引き受けることはできません。また，標本資料は全国に分散しているので，科博ばかりではなく，県立博物館や市立博物館の中で力量のある自然史系博物館が協力しないと標本資料を適切に保全することは困難です。

さらに，標本資料センターは全国の科学系博物館等が所有する標本資料およびホームページについての情報を集約・発信し，それらの情報を共有するために，サイエンスミュージアムネット（S-Net）を構築し，地球規模生物多様性情報機構（GBIF）の日本の拠点（ノード）として活動しています（詳細は本章4－4，4－5を参照）。

4－2．DNA資料と標本を統合的に収集・管理・活用する

生物の分子情報を利用した研究が日常的に行われるようになり，DNAのデータベースは生物学研究にとって必須のものとなっています。DNAを使用して論文を発表する場合には，DNAデータベース（日本ではDDBJ）に遺伝子情報を登録し，アクセッション番号を入手して，論文に明記しなければなりません。このシステムによって，DNAデータベースには膨大なデータが蓄積しています。しかし，従来DNAデータベースに登録されたデータには問題点がありました。データベースには，遺伝子を解析した生物の学名と遺伝子情報を登録します。しかし，遺伝子情報を抽出した生物標本を保存することはデータ登録の条件とはなっていません。このため，DNAデータベースに登録されている生物が誤同定されていても標本がないと確かめようがありません。例えば，ある研究者が野外で採集したサンマのDNAを解析して，DNAデータベースに登録されているサンマのデータと比較したところ，違いが見いだされたとしましょう。この場合，どちらかのデータに問題があるわけです。もし，標本が保存されていれば，同定に誤りがあったかどうかを確認できます。しかし，標本がなければ問題を解決することはできませ

ん。

　このような問題を解決するためには，標本を適切に保存する自然史系博物館が必要です。分子生物多様性研究資料センターは2006（平成18）年に設立され，生物多様性研究の資源として，様々な生物群の遺伝資料の網羅的な収集・保管を進めています。そして，DNA試料を採取した証拠標本とDNA分析用資料等の遺伝子情報をセットにしたコレクションの充実を図っています。

　センターの設立当初から，脊椎動物と高等植物に重点を置いたコレクションの充実が図られてきました。現在までに哺乳類約230種，両生・爬虫類54種，魚類は日本産4000種の約60％，鳥類は日本産550種の約36％，維管束植物は日本産約2100種の約31％のDNA試料が収集・保管されてきました。最近は，海生無脊椎動物から昆虫類，菌類や地衣類等の生物群のコレクションの充実にも力を注いでいます。これらのDNA分析用試料を，大学をはじめとする他機関の分子生物多様性の研究者に提供するサービスを目指して，保有資料のデータベース化を進めています。

4-3．コレクション管理を充実する

　新宿分館のつくば移転に伴い，動物標本，地学標本（岩石・鉱物と化石）及び人類標本の大半が新築された自然史標本棟に収納されました。また，植物標本の多くは植物研究部棟内の標本室に収蔵されてきましたが，自然史標本棟に一部を移動して保管しました。理工学関係の資料は改築された2棟の理工資料棟に収蔵されました。なお，これらの標本資料とは別に，昭和天皇の海産生物等のコレクションは昭和記念筑波研究資料館に収蔵されています。これらすべての自然史コレクションと理工学資料は，いずれも耐震あるいは免震構造を備えた建物に保管されています。また，標本や資料が収納された標本室や資料室の温度と湿度は適切に管理され，コレクションの半永久的な保存体制が整っています。

　新設された自然史標本棟に入るためにはセキュリティーカードが必要

です。セキュリティー権限は厳重に管理されているので，館内の研究者であっても，異なる研究部の標本室に入室することはできません。一方，外来の研究者が科博を訪問した場合には，担当研究者の許可のもとに訪問者用カードを提供し，標本調査を円滑に行えるようにしています。セキュリティーカードの導入によって，コレクションは従来と比べると高度に安全な状態で管理されるようになりました。

　さらに，自然史標本の大半のコレクションは移動棚に収納されたため，収蔵スペースを効率的に使えるようになりました。中でも動物の液浸標本室に導入された移動棚は国内最大であり，棚の総延長は7キロメートルを超えます（図Ⅲ-23）。また，高さが3メートル近くあるため移動棚はコンピュータによって制御され，移動棚が動くときや停止するときに標本に与える衝撃を最小限に抑えるようになっています。新築された自然史標本棟は1階から7階まですべて標本室で占められています（8階は機器室）。自然史標本棟の各フロアの標本室面積は1100㎡あります。

図Ⅲ-23　自然史標本棟2階にある動物液浸標本室

このように筑波研究施設はアジアで最大規模の標本室を有する研究拠点となりました。これらのコレクションは、標本資料センターのコレクションディレクターとコレクションマネージャー及び研究者によって管理され、データベース化されています。

4-4. 自然史系博物館のネットワークを充実する

　サイエンスミュージアムネット（S-Net）は、科学系博物館の連携によってインターネット上に博物館の標本や研究者・学芸員の情報を提供するためのプロジェクトです。S-Net は自然史系博物館の標本情報を検索できる「自然史標本情報検索」を提供しています。このシステムを実現するために、科博や全国の自然史系博物館の関係者が何回もワークショップを開催して、博物館毎に異なるデータフォーマットを共通のフォーマットに自動変換できるツールを開発しました。また、毎年、夏と冬にS-Net 参加館の関係者が、自然史標本情報や生物多様性情報に関する課題を検討するため研究集会を開催しています。このような活動によってデータ提供機関（自然史系博物館と大学等）は 65 に達しました。さらに、S-Net の情報を地球規模生物多様性情報機構（GBIF）に提供するため、日本語で記録された採集地等の標本情報を英語に変換するツールも開発しました。この結果、S-Net が提供しているデータは、日本から GBIF に発信されているデータの 8 割に達しています。

　さらに、S-Net は研究員・学芸員の情報収集を進め、「研究員・学芸員」データベースを構築しました。「研究員・学芸員」データベースを利用すると、2013（平成 15）年末現在で 36 都道府県の自然史系博物館等に所属する 420 人の研究員・学芸員のデータを検索できます。大学を中心とする研究者のデータベースは科学技術振興機構（JST）が運営していますが、自然史系博物館の研究員・学芸員の登録数は限られています。「研究員・学芸員」データベースは全国の自然史系博物館の認知度を上げるとともに、自然史系博物館の人的ネットワーク構築にも貢献しています。

4−5．GBIF（地球規模生物多様性情報機構）に貢献する

　GBIF（Global Biodiversity Information Facility, 地球規模生物多様性情報機構）は2001（平成13）年から始まった国際科学プロジェクトです。GBIFの第一の目標は，地球上にどのような生物が生息しているか，そして，どこに分布しているかを知ることです。この課題を達成するために，GBIFは多くの国々の自然史系博物館や生物多様性研究機関等をネットワーク化して，地球規模の分散型データベースを構築しました。つまり，GBIF自体が巨大なデータベースを構築するのではなく，データの標準フォーマットを策定して，自然史系博物館や生物多様性研究機関等からインターネットを介して膨大なデータを提供する仕組みを構築したのです。2013（平成25）年末現在，GBIFポータルを介して4億件を超える生物多様性に関するデータが提供されています。

　日本はGBIF設立当初から拠出金を提供してGBIF活動の発展に貢献してきました。一方，科博はGBIF国内活動の牽引車的役割を果たし，科博をはじめとする自然史系博物館等のデータを取りまとめてGBIFへ発信しています。また，科博の研究者はGBIFの副議長やGBIF日本のノードマネージャーとなってGBIFの活動を積極的に進めてきました。

　一方，科博はGBIFの国際活動の一翼も担っています。GBIF参加国が増えるにつれて，世界をいくつかの地域に分け，各地域で中心となる国や組織を選定して，GBIFの地域活動が推進されています。日本は韓国とともにアジア地域の活動を担っています。科博の研究者は台湾やフィリピン，インドネシア，インドの研究者と協力して，GBIFアジアのワークショップを開催して，アジア地域の生物多様性情報の共有化と活用促進を図っています。さらに，科博の研究者はGBIF事務局と協力しながら，インドネシアのGBIF活動を支援し，インドネシアのノード（情報拠点）構築に貢献しました。

4−6．重要科学技術史資料の登録・保存活用を支援する

　日本は世界有数の産業技術をもつ国として知られていますが，日本が

世界をリードする地位を確立した背景には多くの先人たちの努力がありました。しかし，20世紀から21世紀にかけて，産業構造の変化や生産拠点の海外移転，そして，戦後の発展を支えた技術者の高齢化等により，先人たちの貴重な経験を物語る様々な事物は急激に失われつつあります。また，世界的に見ても特筆すべき発明や開発品である実物資料も急速に姿を消しつつあります。このような状況に対応するため，科博は産業技術史資料情報センターを2002（平成14）年6月に設立し，技術の歴史を未来に役立てる情報の収集と公開を進めています。当センターは以下の3つの事業に重点を置いて活動しています。①日本の産業技術の発展を示す資料がどこにどのように残されているかを明らかにする「所在調査」，②技術発達と社会・文化・経済等の関わりを明らかにする「技術の系統化研究」，③失われつつある国民的財産の保存を図る「重要科学技術史資料（未来技術遺産）の選定と台帳登録」。また，企業系博物館や産業技術をテーマとする博物館と連携したネットワークを構築するとともに，産業技術をテーマにした展示や講演活動等も行っています。

　これらの事業の成果は，産業技術史資料情報センターのホームページ上にデータベースや調査報告書として公開しています。ホームページ上に公開されている産業技術史資料データベースには1万3376件のデータが登録されており，産業技術史資料共通データベース（HITNET）には2万3010件のデータが登録されています。また，重要科学技術史資料（愛称・未来技術遺産）一覧では，2008（平成20）年度から2013（平成25）年度までの6年間に重要科学技術史資料に登録された135件の解説や画像が

図Ⅲ-24　ウォークマン TPS-L2

閲覧できます。そこには，音楽を聴くスタイルにイノベーションをもたらし，一世を風靡したステレオカセットプレーヤー「ウオークマン」1号機 TPS-L2（図Ⅲ-24）も登録されています。

4-7．標本資料のセーフティネットを構築する

　科博は過去，多数の標本資料を大学や研究機関，そして民間から受け入れてきました。しかし，国内にはまだ多くの貴重な標本資料が存在します。そして，これらの標本資料は永久的な保管を保証されているわけではありません。大学博物館があるとはいっても，そこに登録されている標本資料は全学の標本資料の一部に過ぎません。大学の多くの標本資料は研究室に保管されています。そのため，研究室の教員が定年等によって交代すると，標本資料が廃棄されてしまうことがあります。民間の機関や個人が所蔵する標本資料も，管理している人や組織が変わると管理体制に問題が生じ，廃棄されることもあります。

　ごく普通の種類の昆虫や植物の標本ならば，廃棄されても再度採集すれば良いと思うかもしれません。しかし，生物には個体変異があるため，同一の個体は存在しません。一つ一つの標本は特定の場所と特定の時期に採集されているので，その場所と時代の環境の影響を受けています。別の場所や時代に採集されたものとは異なる存在なのです。昆虫や植物の特定の種類の特徴を理解し，そのグループの系統関係を解明するためには，多くの標本を研究しなければなりません。もし，大学や民間に保管されている標本資料が廃棄されれば，その標本資料のみが保有する貴重な情報が永遠に失われてしまうのです。

　では，どうすれば良いのでしょうか。国内に存在する大量の標本資料を適切に保管するためには，国家レベルのプロジェクトが必要です。しかし，それを待っているわけにもいきません。少しでも状況を改善するため，科博は国内の自然史系博物館8館と共同して，標本資料のセーフティネットを構築しました。セーフティネットは科博を含む9館の協力によって，標本資料が危機に瀕した場合に適切な保全を図ることを

目的としています。単独の博物館のみで受け入れられる標本資料には限度があります。また，専門の研究者がいない場合もあります。そのため，まず9館が協力して標本資料のセーフティネットを作り，相互に連携して貴重な標本資料の散逸を防ぐための活動を開始したのです。

4－8．大災害から標本資料を守る

　2011（平成23）年3月11日に東北地方太平洋沖地震とそれに伴う津波が発生しました。このため東北地方の太平洋側で多数の人命と財産が失われました。東北地方の自然史系博物館でも多くの標本資料が被災したり，流失したりしました。陸前高田市立博物館では学芸員が亡くなりました。このような自然史系博物館の被災は過去にも例があります。例えば，1923（大正12）年に起こった大正関東地震は東京及び周辺地域に関東大震災と呼ばれる甚大な被害を与えました。科博の前身であった東京博物館は，地震によって生じた火災のために建物と標本資料のすべてを失いました。また，1906年にはサンフランシスコ地震によって生じた火災のため，カリフォルニア科学アカデミーが建物及び標本資料に甚大な被害を被っています。

　地震や火災などの大災害から標本資料を守るための完璧な方法は残念ながらありません。しかし，被害を減少させることは可能です。第一に，標本資料を収蔵する標本施設の十分な耐震化が必要です。さらに，火災が発生した場合に備えて，窒素ガス等による自動消火設備が必要です。また，大災害が生じた場合に備えて，標本資料の一部を複数の博物館で保管する，すなわち，標本資料のバックアップを検討することも必要でしょう。科博は筑波研究施設に免震構造を備えた標本棟を備えていたため，東日本大震災が生じたときも建物や標本にほとんど被害を受けませんでした。周辺の大学と比べると大きな違いが見られたのです。

　また，災害が発生した場合には，標本資料の速やかなレスキュー活動が必要となります。東日本大震災では，岩手県立博物館を中心として，自然史系博物館関係者のネットワークによるレスキュー活動が行われま

した（図Ⅲ-25）。被災した自然史標本を全国の自然史系博物館が受け入れて，汚れたり損傷したりした標本の手当てを行いました。しかし，自然史標本のレスキュー状況を文化財と比較すると，国レベルの組織的なレスキュー活動においては大きな相違が見られました（図Ⅲ-26）。文化財は法律によって保護されていますが，自然史標本は残念ながら法的保護を受けていないのです。今後，災害時に自然史標本をどのように保護するかを検討する必要があるでしょう。

図Ⅲ-25　ツチクジラの移送（科博筑波収蔵庫へ）

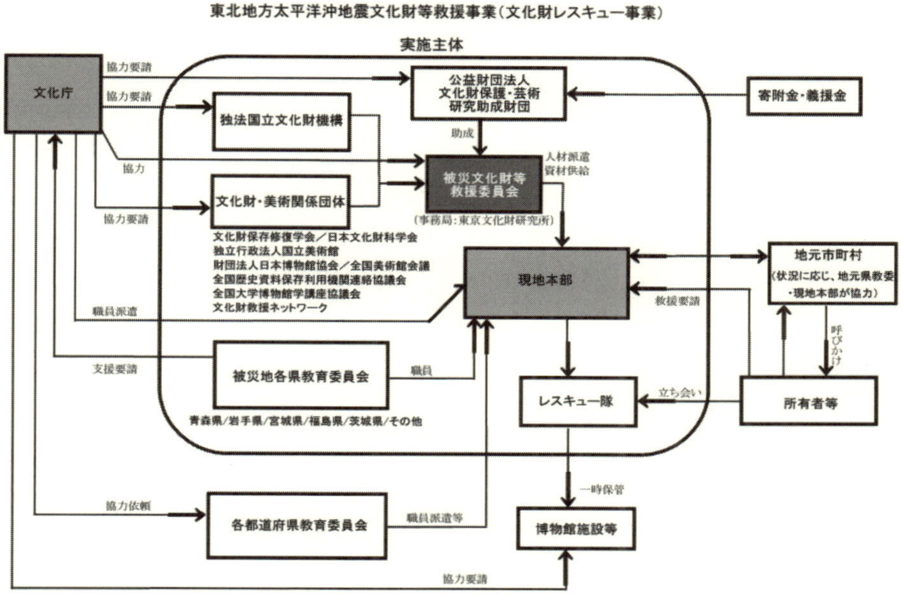

図Ⅲ－26　東日本大震災文化財等救援事業組織図

5．社会の要請に対応した人材養成・活用

　社会という言葉は，構成する個々人の個別の価値観の集合体というだけでなく，国や地域全体といった伝統的に価値観や利害関係を共有する比較的広い範囲を包含しています。個人がもつ価値観の多様化が許容されるようになり，また技術の発達は人々の情報交換の頻度と濃度を上げ，そのことにより，人々の集合体である社会自体も変化し続けています。将来を担う人材を養成するためには，このような変化を想定しながら，社会を構成する人々や組織それぞれが補い合って総体として取り組んでいくことが必要とされています。

　博物館にも社会の中で人材養成を担う役割が求められています。例えば，博物館における教育研究を充実させることは，社会における教育資源を効果的・効率的に運用する一つの手段となります。博物館は，収集・保管した資料に関する調査・研究を行い，その地域や国の記憶を文化として継承し発信するといった公益的な役割をもった機関です。きちんとした学術的な根拠に基づく調査・研究を行う博物館は，学校・家庭・図書館等とともに，教育基盤を形成しています。このような特性を理解することにより，社会における重要な教育資源として，博物館をより効果的・効率的に活用することができます。

　科博では，充実した展示を中心に，サイエンスコミュニケータ養成実践講座，大学生のための科学技術史講座，大学生のための自然史講座，博物館実習生の受け入れ，教員免許更新講習，学芸員アドバンストコース，また，アフタースクールプログラムや小学校教員を目指す文系の学生を対象とした試行的な講座など，博物館の人的・物的資源を活用した様々な取り組みを行っています。

5−1．研究者を養成する
（1）連携大学院を積極的に活用する
　分類学を基盤とする自然史研究を行う研究室は大学から姿を消しつつ

あります。しかし，自然史研究は生物多様性を研究し，理解する上で欠かすことができない学問分野です。生物多様性の保全と持続的利用が人類の生存にとって必須であることを考慮すると，自然史研究の衰退を放置するわけにはいきません。自然史研究を推進するためには，科博等の自然史系博物館が大学と協力する必要があります。科博は自然史研究の後継者を養成するため連携大学院制度を活用しています。

　科博は，連携大学院に関する覚え書きを東京大学大学院理学系研究科と1995（平成7）年に交わして大学院生の受け入れを始めました。そして，2004（平成16）年には東京農業大学大学院連合農学研究科及び茨城大学大学院農学研究科と覚え書きを交わしました。さらに，2010（平成22）年には九州大学大学院比較社会文化学府とも覚え書きを交わしました。現在，修士課程5名と博士課程4名の大学院生が科博の研究者の指導のもとで研究を行っています。

　また，科博の研究者は日本学術振興会の特別研究員（ポスドク）を積極的に受け入れています。研究職の数は多くないため，博士号を取得した大学院生がすぐに就職できるわけではありません。多くの大学院生はポスドクとして研究を続けながら，大学や研究機関への就職活動を行っています。科博は多くのコレクションと自然史研究を推進するための優れた研究施設を有しているため，ポスドクの希望者が多いのです。また，科博には自然史研究の様々な専門分野の研究者がいるので，大学では得られない専門的知識や意見に接することができます。ポスドク制度によって，若手研究者は自らの研究を推進し，多くの研究者と交流して研究能力を高めることができます。一方，科博もポスドクを受け入れることによって館外の研究者との交流を促進し，研究面での刺激を得ることができます。

　連携大学院制度やポスドク制度は，後継者養成という視点から今後も科博の研究部が力を入れるべき分野です。また，科博の研究者が大学院生やポスドクという研究者を目指す若手と交流することによって，研究上の新たな発想を得ることもあります。

5-2. サイエンスコミュニケーションを担う人材の養成

　サイエンスコミュニケーションとは，科学について一般市民と対話することです。20世紀の終わりに，科学技術への不安は人々が正しい知識を身につけるだけでは解消されないことが明らかになってきました。そのような不安を解消するための手法の一つとして，それぞれの身近な課題に対応した疑問や心配を専門家等と同等の立場で意見し交換する手法，サイエンスコミュニケーションが考案されました。サイエンスコミュニケーションは科学技術に携わる側が科学技術への社会的な理解を求めて開始した活動ですが，当初から人々の不安や課題に即した双方向的な意見交換によるコミュニケーションが考えられていました。双方向というのは，知識の多い者が少ない者に分け与えるという発想ではなく，お互いに対等な立場で科学技術を中心とする社会的な課題について意見を交換し合うことを意味しています。そのため，科学技術なしでは成り立たない現代社会の方向を見定める手法の一つとして，ヨーロッパを中心に広く用いられるようになってきています。

　英国ではBSEの教訓から，日本では2003（平成15）年頃から，サイエンスコミュニケーションの必要性が語られるようになり，それを担う人材・サイエンスコミュニケータの養成が課題となりました。科博はサイエンスコミュニケータ養成を早期に開始した博物館です。科博での開講当初は「優れた研究者が優れたサイエンスコミュニケータになれる」という有識者の言もあり，将来研究者になる人にコミュニケーション能力を身につけさせる性格が強かった講座ですが，現在では，この講座から輩出された人材は，アカデミックの現場だけでなく社会の様々な場面で活躍しています。

（1）サイエンスコミュニケータ養成

　サイエンスコミュニケーションを担う人材をサイエンスコミュニケータと呼びます。科博では，科研費によるサイエンスコミュニケータ養成に関わる調査・研究の成果を踏まえ，有識者委員会による検討を経て，

サイエンスコミュニケーションを社会的な機能の一つであると位置づけ，サイエンスコミュニケータに必要な資質を，①科学技術に関する素養，②コミュニケーション能力，③コーディネーション能力の3つと整理しました。このうち，①科学技術に関する素養については理系の大学院で担保し，②コミュニケーション能力と③コーディネーション能力を科博という場での実践を活用して効果的にサイエンスコミュニケータを養成するのが，科博のサイエンスコミュニケータ養成実践講座です。

大学院生等を対象として，②コミュニケーション能力を中心とした養成を行うSC1コースと，SC1コース修了生を対象として③コーディネーション能力を中心とした養成を扱うSC2コースの2つの講座を2006（平成18）年度以降毎年開講し，多くの修了生を輩出しています（図Ⅲ-27）。

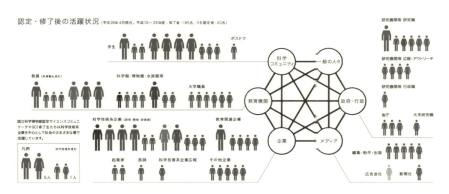

図Ⅲ-27　サイエンスコミュニケータ養成実践講座修了者の活躍

（2）博物館実習生の受け入れ

国立科学博物館大学パートナーシップ入会大学の学部学生等を対象として，学芸員資格取得のための博物館実習生の受け入れを行っています。独立行政法人化前の科博では，展示場での学習支援活動を中心とする内容での実習が行われてきていましたが，博物館法改正等の趣旨を受けより専門特化した実習へと内容を進めてきています。

従来からの展示場での学習支援等の活動を中心とするコースに加え，研究活動を中心とするコースも設定し，年間10グループ以上の受け入れを行っています（図Ⅲ-28，29）。学習支援を中心とするコースは，大人数が日々来館する展示場ならではの特性を生かした学習支援活動に加え，筑波研究施設を活用した資料の収集・保存の実際に関わる内容が付加されています。また，本来研究機関である科博の特徴を強く打ち出した研究活動を中心とするコースでは，活動の拠点を研究部が集まる筑波研究施設に置き，400万点を超える保管資料や，フィールドワークに関わる研究者の指導を中心に実習生の経験の充実を図っています。

図Ⅲ-28，29　博物館実習の様子

（3）学芸員アドバンストコース

　学芸員アドバンストコースは，現職の自然科学系博物館の中堅学芸員等を対象に実施しています。博物館が社会に置かれた現状を幅広い観点から理解するとともに，資料の収集・保管，調査・研究，展示・学習支援活動等に関して専門的・実践的な研修を行います。受講の応募にあたっては所属長の推薦が必要です。

　科学系の博物館の全国組織である全国科学博物館協議会から加盟館の現職学芸員を中心に周知し，毎年実施しています。年毎に分野領域を順番に設定し，科博にある動物・植物・地学・人類・理工の各研究部の研究員が，テーマを定めて指導に当たります。近年のアドバンストコースでは，研究の分野領域にかかわらず，研究者の今日的な資質と期待され

ているサイエンスコミュニケータ養成実践講座の概要部分が組み込まれるようになっています。

5-3. ボランティア
(1) 教育ボランティアの経緯
　科博の教育ボランティア制度は，1976（昭和61）年1月に発足し，参加体験型展示「たんけん館」での指導・助言から活動を開始しました。当初8人でスタートしたこの制度は，活動人数，活動領域を徐々に拡大し，現在では約400人（平成25年度当初）の登録者を数えます。今日では，科博のボランティアは，博物館活動の充実と生涯学習社会の促進を図り，知の社会還元を担っていくうえで，かけがえのないパートナーと位置づけられ，「科博の顔」として，ぬくもりのある博物館づくりと，多種・多様なソフトサービスの提供に貢献しています。

　以下に，2013（平成25）年度の教育ボランティア活動の現状を紹介します。なお，2014（平成26）年度からは，かはくボランティアとして新しい活動方針のもとに，活動内容の大幅な見直し，新たな活動が検討されています。

① 活動内容
　2013（平成25）年4月1日現在，登録者は延べ393人となっています。1日平均約56人，年間延べ約1万5000人，月平均約1240人（いずれも平成25年度実績）が，a）たんけん広場における指導・助言，b）森の標本箱カウンターにおける指導・助言，c）かはく・たんけん教室，d）図書・情報室，e）地球館案内所，f）ガイドツアー，g）常設展示室における展示案内，h）障がい者の見学に対する援助活動，i）その他（学習支援活動への協力活動，教育ボランティア特別活動，夏休み・新春サイエンススクエア，特別展・企画展における案内・説明，各種グループ活動等において活躍しています。

② 受け入れ・登録
　「国立科学博物館教育ボランティア活動理念」を定め，ボランティ

アの位置づけとミッションを整理しています。

　活動希望者に対し書類選考・事前説明会・面接を実施して，適任者を選定し，登録前研修を行った後，修了者を登録します。ボランティアの活動は，年度毎に館長から個々人に活動内容が委嘱されます。活動実績が十分な方は年度毎に更新が行われ，毎年9割程度が更新しています。

③ **活動の方法**

　曜日別のボランティアは各自週に1回または2回活動する曜日を登録し，ホリデーボランティアは本人の希望により活動日を設定します。いずれも本人の希望・適性を勘案して，ボランティア担当職員が作製する活動配置表に基づき，上述したa)〜i)の活動を行います。そのほかにも，「森の標本箱」の整備は「変形菌」「古生物」など，グループに分かれての活動も行っています。

④ **運営全般**

　ボランティア担当職員3名が，交代勤務で週7日間の対応とコーディネートを行っています。また，同じく担当職員による毎日のミーティング及び年3回程度行う「教育ボランティア連絡会」でボランティア活動の連絡調整と改善及び情報の共有化を図っています。

⑤ **ボランティアを支援する**

　科博のボランティアは，教育活動の準備，受付，指導補助，後片付けといったいわゆる補助的な活動を行うだけでなく，子どもを対象とする観察，実験，工作等の単発的な教育活動については，ボランティア自らが企画，指導し，ほぼ全面的に責任を負って実施するといった活動をしてきました。多数のお客様をお迎えしている科博では常設展示場に常駐しているのはボランティアだけです。ボランティアが，展示や見学についての案内，相談への対応，来館者等の応接などを行い，観覧環境を良好な状態に維持するのに貢献してきています。

　科博では，ボランティア一人一人の活動の総和が館運営を担っているとの認識に立ち，それぞれの専門性や創造性等の向上，それを通し

た生きがいの実現につながるような自主的な研究活動や研修に対し，支援を行っています。社会の様々な分野でボランティアが必要とされ，しかもその自発的で柔軟な発想に基づく活動が評価される社会になりつつあるとき，人々が進んでボランティア活動に参加し，その活動の質を高める方策としての支援は意味のあることと思われます。

ボランティアの資質や能力を向上するためには，自然科学についての理解を深めたり，接客能力を高めたりすることが必要です。また，学生から退職者までボランティアの年齢構成は多岐にわたるので，それぞれの年齢域で，学習意欲や自己充実への要望や期待等に的確かつ積極的に応えることが求められます。

（2）今後のボランティア活動の可能性

科博では最初，展示・教育機能からボランティアの活動がはじまりましたが，今日では博物館の三大機能の収集・保管，調査・研究，展示・教育のすべての領域で何らかのボランティアの活動を目にすることができます。いずれは，欧米に見られるように，管理・運営の領域での活躍も目にすることになるのかもしれません。

2015（平成27）年度からは，新しい展示の導入に伴い，かはくボランティアとして，標本の展示解説，案内活動に加え，点字と来館者をつなぐコミュニケーション活動を行い，展示と教育活動をあわせて活動する方向で検討されています。今後，ボランティア活動の高度化に伴い，より緻密な研修が必要となります。同時に，高度な展示・教育活動など博物館運営の基本となる活動を，どのようにボランティア活動として位置づけるか，職員との業務の協力・分担など課題があります。

これからも，さらなる展示の更新や社会の変化に対応して，ボランティアの活動や理念について一層の充実を図っていく必要があります。生涯学習という自己実現の視点に加えて，ボランティア各人の能力を生かした社会貢献の場としての視点を取り入れる必要があるでしょう。

6．社会の要請に応えるための連携協力

　社会的機関としての存在である「博物館」は，基本的には一つの組織体として機能を発揮してきました。今日の複雑化した社会や人々の様々な課題を解決するためには，様々な機関と力を合わせた活動が必要となってきました。これまでの博物館の活動に留まることなく，幅広い分野で博物館が社会の要請に応えて行くためには，これまで以上にいろいろな特色をもつ組織や機関あるいは人々と連携することが必要です。

　今日のように，多様な価値観をもつ多くの人々や遠く離れた地域との交流が日常となった社会においては，博物館に求められる機能もダイナミックに変わってきています。博物館における連携は，人々から要請を受けた社会的機能の実現でもあり，博物館の今日的な存在理由を裏付ける活動の一つです。

６－１．博物館の機能を拡大・充実するための連携
（１）博物館活動のあらゆる面における連携

　科博は様々な機関・団体，個人との連携により，博物館の様々な機能の質・量の拡充を目指すとともに，それぞれの機関や個人の社会的な活動に参画する機会や多様性の増大に貢献してきています。

　科博の連携協力には，特別展の開催における学会やマスコミとの共催から，個人の標本資料の寄贈まで様々な活動が含まれてきました。独立行政法人となってからの連携の観点は大きく次の三つの点で，従来の連携と大きく異なってきています。

　第一は，連携先の目的，要望などを勘案，時には博物館側の条件を柔軟に調整して行うようになったということです。従来の連携では，科博側の原則，方法，営業の時間などを変えることはなく，所与の条件の中でできる相手先とのみ連携活動を実施する傾向がありました。

　第二は，展示や教育普及活動は原則として科博の研究組織の守備範囲を中心にしつつも，他の大学や機関等の研究者の，より広範な分野もテー

マにして行うということです。

　第三は，博物館の運営方針の検討など運営の根幹部分でも外部の有識者に意見を求め，社会的な広がりをもった視点からの連携を行うようになったということです。博物館の評価についての外部評価委員会，経営の方向を検討する経営委員会等を外部の委員を委嘱して設置し，定期的に科博の運営にフィードバックすることを行っています。また，外部の講師を招いた研修会を頻繁に実施するようにもなってきています。

　独立行政法人化以降，連携の対象，事業内容は従来よりも飛躍的に拡大しました。そして，時間や場所も拡大し続けています。

（2）連携における公的機関としての性格と連携の対象

　科博は公的機関という立場からの制約を逆手にとり，公的機関であるがための期待や可能性を生かした連携を行っています。

　独立行政法人は公的な性格を有することから，社会的な信頼を得ています。提供するサービスや連携の相手先を選ぶ際にも，単に外形的な公平や公正だけでなく，それによって得られる結果についても配慮して進める必要があります。

　寄付については，公的であるがゆえに税制面等での優遇処置もあり，寄付，支援を受けやすいということがあります。このことは，民間の非営利の組織に比べても大変有利なことです。この特徴により，一般企業の活動では行われない同業種の複数の企業からの寄付を受けたり，寄付を受けていない同業種の企業とミニ企画展を行ったり，また同時に他社から科博が発行する科学誌『milsil』（ミルシル）に広告を掲載していただいたりしています。

　一方，公的性格があることにより制約を受けます。例えば，いわゆるブラック（悪徳）企業に利用されるような連携をしないということは当然ですが，博物館としてのブランド，イメージを傷つけるような連携は行わないということです。企業と連携する際には相手先について調べるだけでなく，製品やサービスについても確認するようにしています。例

えば，2006（平成18）年にコンピュータゲームソフトの会社が新製品の発表会を展示室で開催したときには，その製品及びその会社の過去の製品についても非社会性，残虐性などがないかを確認しています。

　企業との連携で，古くは一部の博物館などでは，「社会の役に立っているのだから援助してもらうのは当然」だとか，「物品や業務を発注しているのだから当然」といった発想もあったようですが，今日的な博物館においては，社会や次の時代をともに創造していくという立場での視点で連携が求められています。

　博物館での連携はその博物館を利するだけでなく，連携の相手，関係する人々や事物といったすべての関係者のプラスになるようなものであることが求められています。かつて近江商人は，「売り手よし，買い手よし，世間よし」といった「三方よし」の精神で事に当たったとされています。それと同じ発想が，今日の博物館での連携でも求められています。

（3）連携における様々な段階

　連携には，共催，後援，協力，施設や機能の貸与など様々なものがあります。博物館が行う事業には，展示・教育普及活動，調査・研究，収集・保管などがあり，それぞれの分野で連携は行われています。博物館での連携を考えるにあたっては，多様な視点が求められます。

　博物館が行う事業には，収集・保管，調査・研究，展示・教育普及活動などがありますが，それらについて博物館は自ら責任をもって主体的に行っており，それは主催事業といえます。連携における事業への関わり方は，「主催」以外に，事業への関わりの深さ，強さによりいくつかの段階があります。

　まず，事業に対して他の機関・団体等と共同責任で行う形態に「共催」があります。特別展，企画展，さらに教育普及活動やイベントでもこの形態をとることがあり，中には三者共催などという場合もあります。

　また，「協力」は他の団体・機関が主催事業への協力で，人的支援や

標本資料，あるいは施設や機材を貸与したりするものです。博物館が主催する事業ではありませんが，人々の生涯学習や知的レクリエーションになるという場合で，博物館活動を阻害しないという条件で行います。そして，それに協力することで，集客や広報につながる，ブランドイメージが高まる，収入になる，博物館の可能性を広げてくれるなど，何らかのメリットがある場合に行います。具体的には，展示や教育普及のほか，コンサート，クイズなどのイベント，サイエンスカフェなどです。

「後援」はいわゆる後援名義というもので，その事業について博物館として意義を認めて推薦するものです。

施設や機材を有償で貸与するという形での協力もあります。もちろん相手の社会的イメージや，博物館のイメージへの影響によっては行わない場合もあります。

連携は「三方よし」となるのが理想ですがいつもそのようにいくとは限りません。困難が予想される場合でも，それぞれのメリットが見いだせるように，またメリットのバランスがとれるように，投資する資源が過剰にならないようにするなど交渉・調整をしながら進めていきます。そして，連携の可否，連携する場合はどこまで連携するかという判断を行いながら，連携の効果が最大化できるように進めていくこととなります。

連携は相手のある話です。科博の担当者のリーダーシップにより，相手と館全体の意識の調整を図りながら進めて行く高度な作業となります。

6-2．地域との連係
（1）地域との関係を密接に

科博は国立の博物館で，日本全体や国際関係を視野に入れた活動が求められています。他の博物館と同じように地域との関係も重要です。その主な理由をいくつか挙げます。

第一は，博物館には，地域の文化，教育の拠点としての役割が求められます。博物館の役割，地域の文化を作り，守り育て，継承するととも

に，社会教育機関としての機能を遂行するという使命を効果的に実現するためには，地域の人々，行政，学校，教育界などとの十分な連携を図る必要があります。また，地域社会の一員としてその地域の街づくりや防災をはじめとする活動も担う必要があります。

　第二は，狭い意味での広報の観点からです。地域でのポスターの掲示，チラシの配布，タウン誌への掲載，FM 局での紹介などは地域の人々への身近で重要な広報になります。また，地域とともに広報を行うことで博物館プラス地域への訪問を高めることができます。

　第三は，連携の多様性を広げる可能性の観点からです。広報や事業だけでなく，博物館が地域に密着し，根付いていれば，博物館が地域に出向けば笑顔で迎えていただけますし，職員が想定していないような連携，協力が得られる場合もあります。地域の中で，地域に根ざし，地域に支えられ，地域に貢献する博物館として，地域の需要に応え，地域を応援する姿勢と実際の活動が重要です。

　科博の上野本館は，東京都台東区上野公園内にあります。上野公園は江戸時代から幕府の官寺である寛永寺が置かれ，花見の名所でもありました。明治以降は，交通の要所となるとともに，計画的な都市公園が作られ文化機関が集積しました。今でも，多くの人々が，観光や修学旅行あるいは芸術の鑑賞を目的に集まります。また，2020（平成 32）年の東京オリンピックを迎えるにあたっては，浅草，東京スカイツリー，秋葉原，東京駅など他の地域とよい競争を重ねながら東京全体としての魅力を高めて，継続的に発展・盛り上げていく必要があります。

（2）地域との連携における様々な試み

　科博では様々な内容の連携により，博物館が社会に提供する生涯学習と知的レクリエーションのメニューを増やし，集客増と賑わいをもたらす取り組みを行ってきています。

　科博の上野本館が位置する台東区では，東京芸術大学，博物館などの文化施設を中心に，交通機関，商業施設などに働きかけ，「上野の山文

化ゾーン連絡協議会」を設置しています。協議会では情報交換，広報チラシの制作・配布のほか，秋に連続講演会などの協働でのイベントの開催を行っています。具体的なイベントをいくつか挙げてみます。

「春・うえの・桜」というテーマで2007（平成19）年の3月〜5月，協議会に加盟している大学，博物館，美術館，動物園，音楽ホール，寛永寺など15の文化施設が連携して，各施設が展示，講演会，演奏会などを行いました。これは科博，東京芸術大学，東京国立博物館，東京都恩賜上野動物園，東京都東部公園緑地事務所が実行委員会を作り，科博が事務局として連携の核となりました。その際，チラシの印刷は地元企業と商店街の協力を得るなど地域の方々との連携も心がけました。科博では，桜についてのパネルと全国からの桜前線の映像の展示，桜に関する講演会とともに，寛永寺による浮世絵展示「絵で見る上野の桜」を共催しました。

台東区とは様々な連携があり，台東区芸術文化財団とは2005（平成17）年度から邦楽鑑賞会の開催を協力してきいます。能，狂言，長唄，義太夫，小唄などの会場を講堂のほか展示室，ホール，野外で実施したり，展示見学や講演と組み合わせるなど，様々な試みをともに行ってきました。

「東京のオペラの会NOMORIイベントウイーク」は，2004（平成16）年から毎年3〜4月に開催されています。東京文化会館ほか上野の文化施設でコンサートを行うもので科博では2007（平成19）年から実施し，クラシックを中心に，ジャズ，講談などを行っています。

「上野学のススメ」という地域学（歴史，産業，文化，芸術，自然等）の講座を，地域への貢献事業として2005〜2011（平成17〜23）年度まで実施し，一定の関心を集めました。

また，毎週木曜日に発行している科博メールマガジン（2003年5月18日創刊）では，上野の博物館の催事情報を掲載しています。第2号から第412号（2011年4月）まで193回にわたって，「上野散策」という地域の魅力を紹介する記事を掲載しました。

6-3. 企業との連携
(1) 博物館事業への協力を得る

　協力を得る場合は，その協力を有効に活用するだけでなく，協力する側もプラスを感じられるように調整することが必要です。ここでも「三方よし」の精神が求められます。ここでは，企業を中心とする寄付金に関する活動と，企業から協力を受けた活動の事例の一部を紹介します。

　科博では，社会各層から幅広い支援，支持を得て，寄付金としての自己収入の増加を図るために，団体会員，個人会員から成る「賛助会員」という継続的な寄付会員の制度を2004（平成16）年度に導入しました。その使途は，地域博物館等と連携したイベント「科博コラボ・ミュージアム」及び青少年の自然科学等への興味・関心の向上に関するコンテストであることを明確にし，協力を受けています。

　前者は地方の博物館との連携事業で，地域の自然科学や文化をテーマに，展示，講演会，体験教室などを行うもので，各地の博物館と連携して地域文化の振興にも貢献する活動です。地域のマスコミ等や企業の社会貢献として紹介されることも多い事業です。

　博物館が本来行うべき事業について企業が積極的に協力してくれる場合もあります。例えば，トヨタ自動車㈱は全国各地で小学校高学年を対象に「科学のびっくり箱！なぜなにレクチャー」を実施していますが，科博でも2003（平成15）年度からほぼ毎年実施しています。同社からは，ほかにも各地の博物館等教育施設と青少年を対象に環境に関する教育プログラムを開発し，実践する事業「どこでもミュージアム・エコ」（現在は「科博コラボ・ミュージアム」）への協賛も受けています。

　三菱商事㈱とは勤労障がい者を対象に，土曜日閉館後に障がいのある人でも落ち着いて展示を見ることのできる見学会を2007（平成19）年12月から年に数回ずつ実施しています。その際，同社は募集・受付を行うとともに，社員ボランティアが案内・誘導を行っています。

　2006（平成18）年5月に独立行政法人農業・生物系特定産業技術研究機構花き研究所，サントリー㈱との共催で「カーネーション——その美

しさ」という展示，講演会などのイベントを行いました。両者とも展示を行うとともに，職員，社員が講演の講師を務めました。またサントリー㈱から提供していただいた花と缶飲料を入館者へプレゼントしました。

（2）企業の事業に協力する

　科博から企業の要請に応えることがあります。そのことにより，科博も企業も収益をあげ，また社会的価値を高めることができます。この事例の一部を紹介します。

　独立行政法人になってから法人としての資産・能力を可能な限り生かす努力をしてきています。科博の展示室，講堂，会議室をはじめとする施設の貸与を始めたのもその一環です。

　貸与は，無償の場合と有償の場合があります。前者は博物館の目的に合致する場合です。後者はこれまでの博物館の本来的な趣旨には合わない場合でも，マイナスにはならず，かつ実現可能な場合に行われ，企業のコマーシャルや映画の撮影，モデル撮影や対談の会場としての撮影への協力などに代表されます。時には，企業のイベント，新製品発表会，映画会社の試写会，テレビの特別番組の発表などを行う場合もあります。このような利用で，映画やテレビを見た視聴者が科博を連想したり，新製品発表会やコンサートで，これまで来館したことがなかった方々の来館が実現できました。科博が経験したことのない方法での事業を提案されることも多く，参考になることもたくさんありました。

　2005（平成17）年9月の「東芝130周年記念イベント」では，科博全体が東芝の博物館のようになりました。特別展会場の貸与による展示，講演会のほか，共催での展示も行い，東芝の講演会，製品の展示などは有償の施設貸与でしたが，電気の発達史のような展示は共催として行いました。

　2006（平成18）年には，映画「ナイトミュージアム」の日本公開に先立つイベントに協力しました。20世紀フォックス映画は希望者を招待して試写会を行うとともに，閉館後の展示室で参加者が懐中電灯を

持って，まさにナイトミュージアムを探検しました。

　2007（平成19）年8月には，上野広小路にあるデパート松坂屋を会場とした展示会，「不思議がいっぱい！野生動物のツノ」の開催に協力しました。松坂屋，科博それぞれが有益であっただけでなく，地域の構成者として貢献できた事例となりました。

6－4．博物館連携

　博物館の視点から博物館どうしが連携するのではなく，すべての関係者，社会から期待される博物館の役割という視点を入れた連携へとその観点を移行することによって，未来の博物館の姿が見えてきます。

① 日本博物館協会

　財団法人日本博物館協会（略称：日博協（にっぱくきょう））は，青少年及び成人に対する社会教育の進展を図るため，博物館の振興のための調査及び研究開発並びに指導及び援助を行い，もって我が国の文化の発展に寄与することを目的としています。

　そのために，a）博物館における生涯教育の振興に関する調査・研究，情報の提供，指導，助成及び援助，b）青少年及び成人の，博物館における学習効果の向上を図るための調査及び研究開発，c）博物館資料の収集，製作，貸与及び斡旋，d）博物館に関する知識の普及及び啓発のための援助及び出版物の刊行，e）博物館に関する国際交流の促進，f）その他この法人の目的達成に必要な事業，を行うとしています。なお，ここでの博物館は，博物館の事業に類似する事業を含んでいる用語として用いています。

　各年「博物館研究」の発行，博物館大会，研修会，全国博物館長会議，調査・研究，博物館整備事業，博物館総合保険，国際博物館の日等を実施し，2011（平成23）年においては東日本大震災への対応や企業の博物館に対する支援，政策提言などを行う我が国の中核的な博物館団体です。

② 全国科学博物館協議会

全国科学博物館協議会（略称：全科協（ぜんかきょう））は，自然史及び理工系の科学博物館（総合博物館を含む），科学館，動物園，水族館，植物園，プラネタリウム等が相互の連絡協調を密にし，博物館事業の振興に寄与することを目的としています。

1967（昭和42）年結成。2011（平成23）年現在，約230の施設が正会員として，博物館・科学館等の展示・施設・機器に関わる企業等約20社が維持会員として加盟しています。

各年の主な事業としては，総会・理事会の開催（6月・2月），研究発表大会の開催（2月），研修事業，学芸員専門研修アドバンストコース（11月頃，科博と共催），海外先進施設調査，海外科学系博物館視察研修（1月頃），「全科協ニュース」の発行（奇数月），webを中心とした各種情報の提供（随時）があります。

このほか，加盟館園の事業について積極的に共催・後援等を行うとともに，各館の特別展や企画展等に際する資料の貸借や科学系博物館ネットワークシステム開発事業等についての加盟館相互の連携協力等を推進しています。

③ 大学博物館等協議会・日本博物科学会

大学博物館等協議会・日本博物科学会は，会員相互の緊密な連絡と協力により博物館活動の進展に寄与し，大学博物館等が直面する問題の解決を図っていくために，大学附置の博物館や設置準備委員会及び国立博物館等で創設された団体です。2010（平成22）年現在，39団体が加盟しています。

同会は，大学博物館等の直面する問題や活動に関する意見交換，会員の交流を目的とする年1回の大会，館長会議・実務担当者会議・総会を行っています。2006（平成18）年からは，大会時に学会形式の「博物科学会」を同時開催しています。

6−5. 国際連携

　博物館では展示を中心とする様々な活動が行われています。地球的視点に立った事物の収集や調査・研究の結果によって，より深くその地域の自然や歴史を語ることができます。お互いのもっている知見を交換して高め合ったり，それぞれの視点を調整し意見を交換し合ったりすることは，博物館のとても大切な仕事となっています。

　国際化をすることによって，共通的な成果を取り入れ，学術的な発展が可能になります。また，標本資料そのものか，その情報を国際的に共有することで，人類共有の資源として保存し活用することのメリットがあります。

　さらに，展示・教育機能においては，国際的な比較や研究により，質の高い活動の展開が可能になると期待できます。

　これらの博物館活動の目的を効果的に実現するためには，博物館や博物館職員どうしの交流や連携は欠かすことができません。ここでは，科博が関与している大小様々な国際会議からICOMとASPAC，ASTC等について述べます。

① ICOM

　ICOM（International Council of Museums，国際博物館会議）は，博物館及び博物館の専門家による世界の自然・文化遺産の保全・維持活動，社会とのコミュニケーション活動などの支援を目的とする国際的な博物館の非政府団体（NGO）です。パリに本部を置き，法的にはフランスの一般法人の扱いとなりますが，全世界の博物館に対しては国際的な影響力をもつ団体です。

　博物館の専門家間の協力・交流の促進，知識の分配，人材教育，専門水準の向上，専門倫理の精緻化と促進，文化財の密売への対応など，博物館の専門的な求めに応える活動を行っています。UNESCO（国際連合教育科学文化機関）とも公式な協力関係を結んでいて，国連経済社会理事会の諮問機関としての役割も果たしています。

　執行委員会，諮問委員会のほか118の各国国内委員会，8の地域

団体，30の国際委員会及び17の関連団体により構成され，3年に一度総会を開催します。総会の開催場所は世界各国の持ち回りで，我が国では2009（平成21）年に，ICOM-ASPAC Conference in Tokyo 2009（ICOM-ASPAC日本会議2009）が，科博を会場に開催されました。ICOM-ASPACは，Asia-Pacific Regional Alliance of International Council of Museumsの略称です。なお，ICOM日本委員会の事務局は，日本博物館協会が行っています。

② ASPAC

ASPAC（Asia Pacific Network of Science & Technology Centres，アジア太平洋地域科学館協会）は，アジア・太平洋地域における科学技術センターの情報交換や相互協力のための国際組織として1997（平成9）年に設立されたネットワークです。科学技術センターとは，日本におけるサイエンスセンターや科学館あるいは科学博物館のように，今日的な科学技術について対話的に学べ，科学技術への理解を増進・普及させるような施設を幅広く表しています。2014（平成26）年現在，本部はシンガポール・サイエンスセンターに置かれています。毎年，地域内各地で年大会が開催されています。

③ ASTC

ASTC（Association of Science-Technology Centers，科学技術センター協会）は，1973（昭和48）年に設立された科学館，科学博物館，チルドレンズミュージアム，プラネタリウムや水族館など科学技術の体験施設等の科学技術への理解を増進・普及させる施設が加盟する国際組織です。加盟施設は世界40ヵ国以上に及び，主な活動として，年次大会の開催，情報交換，書籍や白書の発行，専門的能力の開発支援，活動の分析，巡回展の提供，科学館等で働く人々オンラインコミュニティの構築等を行っています。本部はアメリカワシントンD.C.にあり，NSF（アメリカ国立科学財団）からの支援も受けています。

④ MOU

MOU（Memorandum of Understanding，友好協定）はそれぞれの

館園の国際的な特徴を生かした活動を行うために締結され，複数の博物館等の組織が円滑な連携活動を行うために，組織として交換する協定書一般を指します。内容は幅広く多様ですが，一般的に「仲良くしましょう」的な内容から始まり，具体的な研究協定や職員の交流事業など詳細が盛り込まれることが多いようです。基本的に組織同士の連携活動は文書をもとにして行われます。特に海外との連携の場合には，必要に応じたレベルの協定書をよく吟味した上で事前に取り交わすことが重要です。

６－６．連携協力をさらに進めていくために

社会の中での存在を増すためにも，さらに多くの連携を進めることが重要です。

（１）様々な内容での連携を進める

現在の調査・研究，展示・教育普及から資金までのあらゆる分野，内容で事業を拡充，発展，深化させていくためには，さらに様々な団体・個人と連携をしていく必要があります。

また，現在，上野本館では多くの連携を行っていますが，筑波実験植物園を含む筑波地区，港区の附属自然教育園においても，展示，案内，教育普及活動をはじめ，広報や園の整備などまで含めて，様々な面で連携が考えられるのではないでしょうか。

科博が国立で唯一の総合的な自然科学博物館として，全国的な，あるいは日本を代表する博物館としての活動を展開するために，北海道や九州などの地方で展示や教育普及活動を行ったり，自動車に標本資料を積んで展示を行ったり，インターネットによる活動を行うなどが考えられます。

さらに，国内だけでなく，調査・研究を含め，海外の大学，団体等との連携も考えていく必要があります。海外で展示や教育普及活動を行ったり，広報活動を強化するなどという場合にも連携は重要なキーワードとなるでしょう。

（2）様々な対象との連携を進める

　博物館活動の内容が広くなるにつれて，連携の対象は広がり，連携の可能性が多くなると考えられます。企業をはじめ，多くの団体・個人に呼び掛けて連携を行うようにしたいものです。

　今後，サービスの対象を幼児，高齢者，障がい者，外国人などに対してより積極的に行うとすれば，そのような人々を対象にしている団体・機関と連携することが有効です。

　様々な対象との連携により，職員は，博物館の施設，展示，標本資料，研究員等の資産の様々な利用，その形態や方法を認識し，資産価値を認識することになるでしょう。そして，柔軟性，調整力，交渉力を身につけることになり，創造性，発想力も磨かれるのではないでしょうか。

7．広報は目的意識をもって

　博物館の多くが公的な資金で運営されていることを考えれば，博物館の社会的役割，博物館の各事業の意義などについて，積極的に説明し広く社会の理解を得ることが欠かせません。また，国や地方公共団体の苦しい財政状況を考えれば，外部資金による自己収入を獲得する自助努力も必要です。そのためには，もう一歩踏み込んで，社会から財政面での支援をいただけるような仕組みづくりも必要です。このような活動は，博物館としてのノウハウの蓄積が少ない分野ですが，どのようにしたらより効果的な広報ができるのか試行錯誤しながら努力を続けています。

7－1．相乗効果を生かす戦略的広報活動

　館全体の社会的知名度の向上やイメージアップのためには，個々のイベントや情報の周知と参加者の動員を図ることを目的とした単発的な広報と合わせて，長期的な視野をもち館の活動に関する理解や館のイメージアップを図る戦略的な広報も重要です。単発的広報と戦略的広報は異質なものかというと，必ずしもそうではありません。一つ一つを見ると，単発的に見える広報手段をいかに戦略的に組み立てていくかが問題です。それぞれの広報手段が相乗作用を発揮し，より高い効果を発揮することになります。科博では，広報の実施について，次のようなことに留意しながら進めていきました。

　① ブランディング

　　科博は国立の唯一の科学系博物館として，今までに築き上げてきたブランド価値を有すると思いますが，戦略的な広報を通じて，より広い人々に親近感，信頼感を与え，他との差異性を認識させる当館としてのブランド価値をさらに向上させていく必要があります。

　② 研究広報

　　多くの人の目に触れる展示やイベントなどと違って，収集・保管，調査・研究活動は日常，一般の方々の目に触れる機会はあまりありま

せん。しかし，こうした活動は館の基盤であり，展示や教育活動のバックボーンとなりそれらと一体不可分のものであることを広報により周知を図り，広く人々の理解を図ることが重要です。

③ 全国的な情報発信

科博は国立の唯一の科学系博物館として，ナショナルセンター機能を有します。ナショナルセンターの役割を果たすには，全国各地の人々が利用できて日本全体を視野に入れた情報発信が必要です。自然と科学の情報誌『milsil』（ミルシル）の発行や，サイエンスミュージアムネット（S-net）による博物館情報の提供は，それ自体は当館の広報を直接的な事業目的としたものではありませんが，結果的には戦略的な広報の一環としての機能も合わせもつものとなります。

7－2．具体的な広報活動

① キャッチコピー，シンボルマーク・ロゴの制定

2007（平成19）年に開館130周年を記念して，館のキャッチコピーを「創造力の入口」とし，それをイメージしたシンボルマーク・ロゴを制定しました。今後長く科博のイメージの象徴となる重要なものですので，デザインにあたっては，一流のグラフィックデザイナーである佐藤卓氏に依頼しました。

統一したイメージを館のホームページ，ポスターなどの印刷物，ミュージアムショップで販売するオリジナルグッズ，各種の配布資料，職員の名刺などに刷り込むことにし，認知度の向上に努めています。このマークが目に入ったら反射的に科博だと認識されるようになるまで認知度を向上させることが目標です。

② ホームページの充実

科博のホームページの利用状況は，2012（平成24）年度末のトップページへのアクセス数が約335万件，個別サイトへのアクセス数は約6億500万件です。今や博物館の顔として情報発信の最大のツールとなっているホームページですが，デザイン，内容ともに利用者の使

いやすいものになるように心がけています。

　ホームページは主に，館の基本情報や個別の展示，イベント，研究活動等に関する情報発信と，データベースや過去の記録などのアーカイブ機能を有しています。

　現在のホームページを作成する際には，科博のブランドイメージの向上と的確な情報発信を第一の目標として検討を進めました。利用者のニーズの高い展示に関する情報については，特別展・企画展だけではなく，常設展示の情報も充実させ，話題性のあるニュースを機動的に展示として取り扱う「ニュース展示」なども積極的に紹介することとしました。また，教育活動に関しては各種のイベントへの参加受付の利便性の向上を図るとともに，最新の科学ニュースに関する情報の積極的公開を図るなど，科学リテラシーの向上に資することができる構成としました。

　以上は，利用者のニーズに基づく項目ですが，科博に対するさらなる理解を深めてもらうため，科博として発信を強化したい情報は何かという視点から考えると，資料を収集し調査・研究する研究機関としての活動，また，ナショナルセンターとしての役割などがあります。これについては，研究者の情報や研究成果を積極的に公開したり，S-netを通じて全国の科学系博物館の情報や標本資料の所在情報の積極的公開を進めました。

　現在の課題として，2012（平成24）年度から筑波地区に全研究部が統合し研究機能が強化されたことに伴い，科博の研究活動についての情報発信をより強化するためにデザインの変更を検討中です。しかし，館としてアピールしたい内容と，利用者に必要とされる情報が必ずしも一致するわけではありません。このあたりをどのようにバランスをとっていくかが難しいところです。

　また，携帯電話版のホームページには，特別展，シアター36○，レストランの待ち時間をほぼリアルタイムで表示するなど，利用者の視点に立った運用を行っています。今後は，若者を中心に利用者が飛

躍的に拡大しているSNSについても，どのような形で取り込んでいくか，その功罪を見極めながら対応が必要だと考えています。

③「これからの科博」の送付

月1回，館の事業の趣旨や館の動向などをまとめたものを，館長直筆の手紙を添えて，マスコミの論説委員，当館の評議員などに送っています。当館の運営方針や事業の趣旨を，社会のオピニオンリーダー的な方々に理解いただき，幅広い支援に結びつけていくことは，個々の事業の直接的な広報と並んで大変重要なことです。

④ イベント情報「kahaku event」

科博で実施する企画展示や学習支援活動をまとめた情報紙で，無料で配布しています。単なる行事紹介だけではなく，常設展示の見学ポイントの紹介など毎号新しいコンテンツを入れ込んで，継続的に楽しんで見ることができるようにしています。

⑤ メールマガジンの発信

週1回，自然科学に関する知識，職員のエッセイ，展示や学習支援活動の情報を掲載し配信しており，現在，購読者は全国各地にわたって約1万7000人います。科博の研究者のみならず管理系や事業系の職員も執筆し，自然科学の面白いネタ，博物館の裏舞台など趣向に富んだ内容です。印刷物と違って内容も平易で読みやすいものになるように心がけて編集しています。また，地方の方々に科博の生きた情報を定期的に届けることにより，上京した際に科博へ立ち寄ってみようという気持ちを起こしてもらう効果も期待しています。

⑥ 館内ガイド，リーフレット等の制作

基本的な館内ガイドに加えて，外国からの来館者用のミニガイド，聴覚障害者用のシアター36〇のナレーションガイド，各種おすすめ見学コースのパンフレットなどをホームページからダウンロードできるようにして，見学者の便宜を図っています。

⑦ プレスリリース・記者説明会の実施

展覧会や研究成果の発表に関して積極的にプレスリリースを行って

います。特別展，企画展については，記者内覧会を行い，担当研究者が自らわかりやすく説明を行います。恐竜などの王道テーマはもちろんですが，日常なじみがなく地味に思えるテーマの展示でも，研究者が説明することにより，マスコミ関係者に展示の意義を良く理解してもらい，新聞等で紹介してもらえる可能性も高まります。

⑧ **館内での撮影対応，画像提供**

館内での撮影に際しては，積極的に館の名称や展示内容の紹介を行うように働きかけを行います。また出版物への情報提供，画像提供を行っています。

⑨ **SNSの活用**

最近は，若者を中心に情報のやりとりはSNSを利用して行うことが多くなりました。博物館の情報も従来型のホームページや印刷物だけではなく，SNSを利用して積極的に発信していくことが，より幅広い来館者層の獲得のために必要な時代となりました。まずは，どのような情報を，どういう形で発信していくか，運用ポリシーをどうするかについて，館として方針をまとめる必要があります。

科博では，SNSを正式には取り入れていませんでしたが，今回，地球館Ⅰ期の展示改修工事に取りかかることを機会に，SNSでの情報発信を始めました。Facebookを利用し，ホームページに公式に載せる情報に比べきめ細かな各種情報を臨機応変に掲載しています。展示改修工事に関する情報をSNSで発信することにより，口コミで話題が広がり，期待感を高めていく工夫をしたいと考えています。また，館内で実施するイベントや，国立科学博物館が関係するトピックなどについても速報的に紹介しています。

7-3．より効果的な広報活動のために

今日，社会における博物館の存在意義と責任の高まりとともに，広報は博物館と社会を結ぶ手段としてますます重要な役割を担うようになりました。社会的な存在として人々に博物館をもっと積極的に活用してほ

しいと，博物館の職員なら誰でも願っていると思います。そのためには，博物館が発信したいと思っている情報と，人々が求めている情報のギャップをできるだけ少なくし，バランス良く効果的に発信していくことが求められます。利用者の意識調査などを通じて，利用者の動向や要望をきめ細かく把握し，対象に応じた適切な手法を選択していくことが必要です。

　また，厳しい財政事情の中，広報経費は減ることはあっても増えることはないというのが実情です。そのため，効果的な情報発信にはメディアに取り上げてもらうことが不可欠です。メディアへの露出を増やすには，待ちの姿勢だけではなく博物館側からも博物館ならではの強みを生かして積極的にアプローチしていくことが必要です。この場合の博物館の強みとは，幅広い自然科学に関する知識と資料の集積でしょう。メディアにとっては，例えばそれを利用してクオリティの高い番組を制作することができ，博物館にとってはその番組を通じて社会に博物館の活動を理解してもらうことができます。そのためには，広報担当者だけではなく事務職員・研究職員を問わず職員一人一人が広報マンという意識を日頃から高めておくことが大切です。

8．快適な博物館環境の整備～お客様サービス

8－1．快適で楽しい空間を目指して

　科博の来館者数が大きく増えていることは先に述べましたが，その理由として魅力的な展示への更新，興味深いテーマでの企画展示の実施，飽きさせないための趣向を凝らしたイベントなどの実施を挙げましたが，お客様が利用しやすいように館内のシステムや施設の改善にも力を入れています。開館時間の延長，レストランメニューの充実，カフェの設置，その他アメニティの充実，ミュージアムショップの改装や魅力的な商品の充実などに取り組みました。

　また，職員の意識改革を図ることも重要です。お客様担当の係を専属で設置し，その下に総合案内を置き，お客様の質問や要望にきめ細かい対応ができるような体制を整えました。こうしたことも，リピーターの増加などを通じて，来館者数増に少なからず貢献していると思われます。今後，東京オリンピックを迎えるにあたり，外国からのお客様も増えてくることと思われます。外国語対応を含め，来館者への利便性を念頭に置き，来館者にとって快適で楽しい空間になるように努力を続けていく必要があります。

8－2．来館者調査の結果を鑑賞環境の改善に反映

　科博は2003（平成15）年度から毎年，来館者満足度調査を行っています。その目的は来館者の属性，行動を把握すること，及び館内の施設や設備に関する問題点を抽出するためです。この調査では，例年，展示に関してはおおむね高い満足度が示されていますが，館内のアメニティ関係の施設，特にレストランやラウンジの混雑に不満を感じている来館者が多いことが読み取れます。特に，休日の昼食時には，混雑がピークに達し食事をとる場所がない，レストランで長時間待たされるといった点が問題になっています。また，休憩スペースの不足も同様な問題を生んでいます。

科博の施設は建ぺい率等の規制により，これ以上新たなスペースを増やすことは困難です。そのような状況の中で，工夫して来館者の満足度を少しでも上げるため次のような工夫を行いました。
・レストランや特別展の待ち時間を携帯サイト，総合案内所でリアルタイム表示
・昼食のため一時的に館から外出できるようにし，近隣の飲食施設を案内するマップを作成し配布
・館内での休憩場所，飲食可能な場所を示したマップを作成し配布
・展示室内での学習支援活動に利用するスペースを休憩場所として開放
・混雑時には講堂を昼食場所として開放
・サンクンガーデンや地球館横のスペースに休憩，飲食場所として利用できるパラソル付きテーブルを設置（図Ⅲ－30）
・夏期には，外の通路沿いの休憩所によしずを設置し日陰を作るとともに，あさがおや風鈴などで涼感を演出

図Ⅲ－30　パラソルを利用して休憩

・暑い日差しが差し込む通路にゴーヤを植え込み緑陰を確保

　一つ一つをとると劇的な効果を上げるものではないかもしれませんが，小さなことでも地道に積み上げていき，結果的にきめ細やかなサービスにつながっていけば，満足度の上昇に貢献するのではないかと思っています。

8-3. 来館者調査から見る今後の課題

　来館者満足度調査からは，様々な課題点が浮き上がります。簡単に改善できることばかりではなく，即時の対応が困難なこともあります。そういった項目については，長期的な計画の中で改善していかなければいけません。調査の中で課題点として把握できることとしては，前項で取り上げたアメニティ施設に関するもののほか，「展示解説のわかりやすさ」「場所のわかりやすさ」があります。

　展示解説については，長期的な展示更新計画の中で改良していく必要があります。場所のわかりやすさについては，建物の配置，構造は簡単に変えられることではありませんので，わかりやすい誘導サインなどを来館者のご意見を聞きつつ整備していく必要があります。満足度を向上させるには，長い目で見た取り組みも並行して進めていかなければいけません。

8-4. 頭が痛い見学マナー対策

　科博には，2012（平成24）年度には約2500校の学校団体に来館していただいています。団体ではなくても，少人数グループ等での来館者を含めると春秋の修学旅行シーズンを中心に小中学生，幼稚園児等で大変な賑わいです。幼児期から児童期における博物館体験は，科学に関心をもつ大きなきっかけとなり大変有意義なことですので，こうした子どもたちの利用が増えることは，当館としても大歓迎で，大変喜ばしいことです。しかし，一つ頭を悩ませることがあります。それは見学マナーの問題です。一般の大人の来館者から，子どもたちの見学マナーに関する

苦情がかなりあります。展示場で大声をあげる，駆け回る，触ってはいけない展示物に触る，ひどいものになると展示物を壊す等の行為が頻繁に見られます。ゆっくり展示を味わいながら鑑賞したいと願っている方からの苦情は当然です。

　科博としては，すべての観覧者に快適な時間と空間を提供したいと考えています。しかし，大人と子どもでは展示場での行動や鑑賞の方法，展示物を見た後の反応も違います。ある程度はお互いが譲り合ったり，認め合ったりして心地よく共存できる環境が保てれば最高ですが，他人を不愉快にさせる行為が後を絶ちません。そのような場面に遭遇すると，「もう二度と科博に行きたくない」という印象をもたれかねません。それは，リピーターの増加を目指す当館にとっても大きな痛手です。

　そのようなこともあり，2008（平成20）年から団体見学希望者には事前登録制度を設け，来館前に学校等の先生から子どもたちへのマナー指導をしてもらうように要請をしています。また，学校等での事前指導に利用できるように，館内の展示紹介とともにマナーに関する啓発を内容とする子ども向けの映像やチラシを作成し，事前下見に来られた学校団体に提供しています（図Ⅲ-31）。これは，ホームページからもダウンロードできるようにしています。また，館内スタッフからマナー違反が著しいと報告のあった団体については，校長等責任者に対して改善を要望する手紙を出したりしています。

　一朝一夕には効果が出るものではないかもしれませんが，子どもたちにとっても楽しい博物館，大人にとっても快適で味わい深い博物館を目指して地道な努力を進めていくしかありません。

図Ⅲ-31 子ども用マナー啓発チラシ「カハクのオキテ」

8-5. 何度でも足を運びたくなる博物館へ～リピーターの確保

　来館者満足度調査によると，初めて来館したという方は概ね4割前後で，6割の方が過去に来館歴があるという結果になっています。その6割のうちおよそ半分にあたる全体の3割程度が1年に1回または何回も来館しているというデータがあります。リピーターを確保するということは，館の入館者数を確保するということはもちろんですが，口コミによる波及効果など館にとって大きなメリットがあります。

　科博は，いかにしてリピーターを増やすかという課題に取り組んできました。その一つとして，年間常設展無料パスと特別展の割引入場，館内レストランでの食事代割引，ミュージアムショップでの買物の割引などの特典を組み合わせた「リピーターズパス」という制度を設け，1000円で販売しています。リピーターにとっては大変利用価値があるもので人気があり，現在の利用者数は約1万7000人となっています。

　一方で，リピーターズパスは確かに来館者の便宜を図るものですが，

たとえそのような制度を設けたとしても，利用者に再度来館したいという動機づけができないと意味がありません。そのためには，初めて来館した時に，いかに満足してもらえるか，そして次回への期待というものを抱かせるかということが根本的な問題としてあります。
　科博では，特別展の入場者は企画展や常設展示も見学することができます。特別展の見学者を企画展や常設展示に誘導し，その一端に触れてもらうことにより，それらの面白さを感じてもらうことが大切です。その結果，一度では味わい尽くすことができないということを感じ，「また来てじっくり見たい」という再来館への欲求をもってもらえるようにするためには，精選した標本による展示の充実と心地よい空間の演出が欠かせません。
　また，館の事業としてもいろいろな工夫が必要です。来るたびに新しい発見があるように，ミニ企画展や研究者によるギャラリートーク，魅力的な企画展などを随時実施し，静的な展示の中に動的な要素を持ち込んで，飽きさせない工夫が必要です。そして，展示や教育活動のスケジュールのような情報はもちろん，展示の見所や博物館の楽しみ方などのソフト的な情報が，広報活動を通じて確実に手元に届くようにすることも重要です。

あとがき

国立科学博物館
小川　義和

　国立科学博物館は，独立行政法人化を契機に，経営の合理化を図りつつ，社会とのかかわりに重点を置いた活動を展開してきました。職員も柔軟な発想により，人々と社会の要請に応える工夫を重ねてきました。本書は，これに直接携わった職員の執筆によるものです。

　国立科学博物館は，今後も独立行政法人としてPlan（計画），Do（実行），Check（評価），Act（改善）のサイクルの中で，自己点検と外部からの評価を踏まえ，財源の多様化と事業の質的向上を一層進めていくことが求められています。私たちは，今までの発展を継承し，時には不連続な飛躍も含め，人々と社会からの理解と支援を得て，博物館活動のさらなる充実発展を図りたいと考えています。

　最後になりますが，このタイミングで本書をまとめることができ，本書に関わったすべての方々に御礼申し上げます。ジアース教育新社の佐々木隆好氏には，編集から出版に至るまでお世話いただき，ここに感謝申し上げます。

執筆者紹介

佐々木正峰 [Ⅰ章]　　　　　　　　国立科学博物館 顧問
松浦　啓一 [Ⅰ章及びⅢ章3・4節] 国立科学博物館 名誉館員
上野喜代人 [Ⅱ章]　　　　　　　　宮城教育大学 理事・副学長・事務局長
石川　　昇 [Ⅲ章6節]　　　　　　国立青少年教育振興機構 国立室戸青少年自然の家所長
濱田　浄人 [Ⅱ章]　　　　　　　　国立歴史民俗博物館 博物館事業課長
池本　誠也 [Ⅲ章1・7・8節]　　　国立科学博物館 広報・常設展示課長
小川　義和 [Ⅰ章及びⅢ章2節]　　 国立科学博物館 学習企画・調整課長
亀井　　修 [Ⅲ章4・5・6節]　　　国立科学博物館 産業技術史資料情報センター参事

「科博」次のステップに向けて

平成 27 年 1 月 31 日　初版第 1 刷発行

■編著者　国立科学博物館研究会
■発行者　加藤　勝博
■発行所　株式会社ジアース教育新社
　　　　〒 101-0054　東京都千代田区神田錦町 1-23　宗保第 2 ビル
　　　　TEL：03-5282-7183　FAX：03-5282-7892
　　　　E-mail：info@kyoikushinsha.co.jp
　　　　URL：http//www.kyoikushinsha.co.jp/

■表紙カバーデザイン・本文 DTP　株式会社彩流工房
■印刷・製本　シナノ印刷株式会社
○定価はカバーに表示してあります。
○乱丁・落丁はお取り替えいたします。（禁無断転載）
Printed in Japan
ISBN978-4-86371-295-9